U0106912

漫漫長夜
黎明前的曙光

陳莊勤　著

太平書局

裝幀設計　Cathy Chiu

排　　版　Summer

印　　務　Ken

漫漫長夜　黎明前的曙光

作　　者　陳莊勤

責任編輯　Amy Ho

出　　版　太平書局

　　　　　香港筲箕灣耀興道 3 號東匯廣場 8 樓

發　　行　香港聯合書刊物流有限公司

　　　　　香港新界荃灣德士古道 220-248 號荃灣工業中心 16 樓

印　　刷　美雅印刷製本有限公司

　　　　　九龍觀塘榮業街 6 號海濱工業大廈 4 樓 A 室

版　　次　2022年 6 月第 1 版第 1 次印刷

　　　　　© 2022太平書局

　　　　　ISBN 978 962 32 9364 8

　　　　　Printed in Hong Kong

序言

　　除了 1986 年到 1991 年一段短時間我為報館寫社論外,在過去 30 多年,我發給報紙或雜誌刊登的文章都是有感而發的文章。因為我的正職是律師,寫文章只是我的喜好;而我書寫發表的文章,絕大多數時候是我觀察或體驗了某一些事物,看不過眼,便發洩在文字中。簡單來說,支持我 30 多年來一直沒有間斷發表文章的,是心裏的一團在不斷燃燒的火。

　　曾經有報紙的編輯在十多年前提議給我一個定期的專欄,發表我對香港特區時事與社會現狀的看法。我毫不猶豫地第一時間拒絕了,原因是我不認為自己是 KOL 或時事評論員,寫文章也不是為了糊口;更重要的是我覺得如果我強迫自己定期發表文章,時間久了,肯定變成了交差的「行貨」,那是我一萬個不願意的。唯一例外的,是八年前我答應了《亞洲週刊》邱立本先生,為《亞洲週刊》定期發表評論文章。

　　2018 年得了病,2021 年 9 月病情的轉變,開始讓我慢慢喪失了心中那團火。沒有了那團火,我再沒有寫文章發表的動力。因此,2021 年 10 月底開始我封筆不寫了。

　　這冊《漫漫長夜黎明前的曙光》選輯了我在 2018 年下旬到 2021 年 10 月發表的文章。這段時間,正值香港特區經歷前所未有的變局,一班本地反共反中政客、戀殖親英親歐美大律師、迂腐大學講師與學者,不斷地荼毒香港特區的年輕人與學生,向他們灌輸那種忘本與近乎沒有任何限制的所謂自由。尤有甚者,個

別親西方戀殖大律師、政客，更大張旗鼓跑到外國，乞求外國政客支持他們否定中央政府在香港特區擁有的主權；鼓吹港獨的學者與大學講師不斷躲在幕後，鼓勵對中國歷史缺乏認識的年輕人走到台前，在香港特區公然鼓吹推動港獨。

這股本來是別有用心的人暗中不斷散播的歪風，終於由猶抱琵琶半遮臉到 2019 年公開爆發。引來了意欲否定內地對香港特區有不可爭議主權、公然意圖通過操控選舉、配合街頭黑暴奪取特區政府管治權的政治風暴。而同一時間，充斥了戀殖高官的特區政府，對此現象或是有意無意視而不見、或是為官怕事，對歪理與黑暴處處退讓龜縮。

這段時間，那些戀殖大律師、迂腐學棍，不斷向香港特區的年輕人灌輸以披上西方「普世價值」外衣的歪理。由一眾享受高薪、養尊處優高官把持的特區政府和法庭的親英法官，不單不敢直斥其非，更處處為之辯解。一時間在香港特區，港獨反中與因政治立場而有違人倫歪理當道，還有常理與基本人倫價值觀的普通市民，因這些人的街頭黑暴而噤若寒蟬。

可幸的是，雖然面對這股逆流，但很多很多堅持愛國主義、秉持理性人倫價值的香港人仍堅持發聲，抗衡這股有違常理與有悖人倫的歪理。在漫漫長夜的黑暗中，燃起點點希望的曙光。

更可幸的是，中央政府在漫漫長夜中的香港特區，充分掌握了現狀。斷然為香港特區制訂《港區國安法》，為鼓吹港獨與勾結外國勢力劃上句號；為香港特區選舉按「一國兩制」精神發出指引大幅修訂，斷絕個別有用心勾結外國勢力的政黨與政客意圖通過操控選舉奪取香港治權、推動港獨、把香港特區從國家徹底

分裂出去的企圖。讓身處漫漫長夜黑暗中的港人，看到那黎明前燃起點點希望的曙光。

陳莊勤

目　錄

政府與 FCC 租約疑團

因香港外國記者會（FCC）邀請鼓吹「香港獨立」的香港民族黨召集人陳浩天先生到該會午餐會演講引發的爭論，從如外交部駐港公署措辭嚴厲指摘 FCC 為陳浩天宣揚港獨搭台邀請他到該會演講，延伸到輿論出現另一層面的指摘。那便是一些團體指摘 FCC 獲政府優惠，不用公開招標，以遠低於市值租金租用下亞厘畢道 2 號，前牛奶公司屬於歷史建築的政府物業，卻以政府物業為鼓吹港獨者提供平台，實屬不當。

FCC 邀請陳浩天到該會演講，除引發全體建制派立法會議員要求檢討政府與 FCC 就下亞厘畢道 2 號物業使用的租約，並要求收回物業外，前特首梁振英先生更與 FCC 隔空罵戰。梁振英先生要求 FCC 公開與政府的租約內容，但遭 FCC 拒絕。亦有消息指出，有建制派立法會議員曾要求政府產業署提供政府與 FCC 的租約文本查閱，同樣遭政府拒絕。

特首林鄭月娥女士表示 FCC 是以市值租金租用下亞厘畢道物業，但 2016 年底報章紀錄顯示，與 FCC 續租差不多同時間、離 FCC 不遠的蘭桂坊一個 1 600 呎酒吧舖位月租已是 39 萬元，FCC 是否以市值租金租用 1.8 萬呎政府物業，公眾自有公正評論。但無論如何，FCC 長期毋須公開招標租用政府在下亞厘畢

道 2 號物業的租約問題，隨着宣揚及鼓吹港獨的陳浩天先生在 FCC 向政府租用的物業發表演講、為港獨造勢，已成了公眾關注的議題。FCC 獲政府優惠照顧，36 年來不用公開招標租用政府物業，其中來龍去脈、內裏原因是甚麼？亦引起了社會廣泛關注。

政府產業署對公眾的關注不予理會，拒絕提供租約文本，讓公眾知曉政府與 FCC 之間就租用下亞厘畢道 2 號物業的安排，原因究竟是甚麼？必然會引起更多猜測。

FCC 佔用的下亞厘畢道 2 號物業，在 1981 年獲時任港督麥理浩爵士離任前同意租給 FCC。之後 36 年來不斷續租，租約內容如何，沒有人知道。公眾可以知道的，只是從 FCC 網頁的會史中，可以看出 FCC 歷年來與殖民地政府港督和特區政府特首的有趣特殊關係。

在任何有關物業的租約中，物業業主必然會在租約中訂明把物業租給租客使用時，租客必須遵守的條款。這些條款必然包括的是租用物業的用途和租客須遵守的禁止條款。這些禁止條款必然會說明不能以物業作非法或違法用途，並且會詳列不能在租用物業內作哪一些用途及進行哪一些活動。

任何人都有理由相信，37 年前殖民地港英政府與 FCC 訂立租約時，也必然在租約中包含了這些必要條款。現在在有關物業中，發生了具爭議的可能違反租約規定的活動，以下亞厘畢道 2 號物業作為公共資源，政府連續 36 年不公開招標不斷續租，為 FCC 提供優惠和特別照顧，當中原因是甚麼？涉及哪一些租用條款？公眾有知情權知悉內裏原因，公眾絕對有權要求政府公開政府與 FCC 之間的協議詳情。FCC 一貫標示其獨立，維護公平、

公正的形象，面對質疑獲政府特別優惠照顧，實在沒有可能拒絕公眾這合理要求。政府拒絕公開與 FCC 就租用政府物業的「秘密」協議，更使人懷疑究竟政府與 FCC 有甚麼不可告人的密約。

FCC 以政府不用招標優惠每月 58 萬元租金，租用下亞厘畢道 2 號 1.8 萬呎物業經營高級私人會所，自稱為「全球最好社交會所之一」(one of the world's finest social clubs)，廣收收費會員。FCC 自稱有超過 2 000 名會員，會員每人每月會費 1 100 元，單會員月費收入每月已超過 200 萬元。FCC 沒有公開超過 2 000 名會員中有多少是記者會員，因此 FCC 記者會員與非記者會員數字比例，外界無法得知。但若以香港記者協會在 2017 年會員人數才 643 人為參考，相信 FCC 會員當中，主要為使用該會「全球最好社交會所之一」的高級會所設施的其他非記者會員。FCC 在下亞厘畢道 2 號物業進行的營運，已與高級私人會所商業營運模式無異。以政府資源向 FCC 提供這樣的特殊優惠，讓 FCC 進行這樣模式的營運，政府沒有理由不在公眾要求知情時公開有關的租約安排。

在香港特區，與 FCC 類同，同樣是殖民地政府遺留下來，獲政府優待租用政府土地的，有 27 個含體育康樂設施的會所。這些同樣獲特權照顧的會所所有使用相關土地的資料，均在土地註冊處登記，隨時可讓公眾查閱。事實上在港一般租期超過三年的租約，業主和租客均會將租約呈交土地註冊處登記，以保障雙方法律權利及利益。當然，在土地註冊處登記了租約，是公開的公眾紀錄，意味着公眾可隨時查閱已登記租約。香港每一個物業在土地註冊處都有一個自己的物業登記冊編號（PRN），公開給公

眾查閱。奇怪的是，FCC 連續租用如此貴重的下亞厘畢道 2 號物業 36 年，FCC 在土地註冊處登記的 PRN 是關閉的，不公開給公眾查閱。這種現象實在匪夷所思、耐人尋味。普通人唯一可以得出的結論是，不論政府或 FCC，都不願公開下亞厘畢道 2 號物業租約內容。若真如此，普通人接着要問的是：為甚麼？

圍繞着 FCC 與政府之間就下亞厘畢道 2 號物業租用的安排，委實有太多疑團。政府一直希望陳浩天演講事件，公眾不把關注重點放在 FCC。但事實上，不為公眾注意 FCC 長期獲政府厚待照顧的潘朵拉盒子，已隨着陳浩天的演講而打開。政府不能迴避，面對公眾對 36 年來不公開招標、以低於市值租金私相授受政府貴重物業給 FCC 使用的質疑。若繼續「密冚」與 FCC 的租約，連這麼大的疑團也仍繼續「密冚」的話，那麼政府向公眾顯示的是，政府一直所說施政公開透明的說法，只是一堆廢話而已。

（原文發表於 2018 年 9 月 7 日）

沒有現實意義的《中英聯合聲明》

不久前，在香港前特首梁振英政府曾擔任中央政策組主任的邵善波與前民主黨主席李柱銘就《中英聯合聲明》(Sino-British Joint Declaration) 是否仍然有效的問題發生爭論，並引來了其他從不同角度看這問題的不同論述。

「《中英聯合聲明》無效論」最早在 2014 年出現。2014 年 11 月底「佔領中環」進入尾聲時，英國外交部外交事務委員會一個代表團擬訪港調查《中英聯合聲明》的執行狀況。對於英國外交部外交事務委員會代表團擬於「佔中」期間訪港，當時中國駐英副使倪堅，拜訪英國下議院外交事務委員會主席理查德‧奧塔韋爵士 (Sir Richard Ottaway)，向他通報了中國拒絕代表團訪港要求的決定，倪堅並在與理查德‧奧塔韋爵士的會面中，傳遞了中方對《中英聯合聲明》的立場。倪堅在傳遞的訊息中，表示中方認為：「由中英雙方簽署的《中英聯合聲明》只涵蓋 1984 年簽署至 1997 年主權回歸的一段時期，《中英聯合聲明》現已無效。」事件引發英國國會外交事務委員會罕有地召開了一次緊急會議，對事件進行討論。

而當時香港政制事務局局長譚志源就有關《中英聯合聲明》已無效的報導，只是含糊其詞地說《中英聯合聲明》的歷史任務

已經完成。當時對源自英國的報導，也沒有引起很大關注。

再次燃起《中英聯合聲明》無效論火頭的，是 2015 年底發生的銅鑼灣書店事件，書店老闆李波懷疑被內地公安在香港特區帶走進入內地，引起廣泛關注。2016 年初英國外相夏文達（Philip Hammond）在英外交部關於香港特區問題的半年報告，以至同年 10 月時任英國外相約翰遜（Boris Johnson）的半年報告中，均重複提及了銅鑼灣書店老闆李波及其他四人失蹤，事後在中國內地出現的事件，指責中國違反《中英聯合聲明》，香港特區一些反共與戀殖人士和政客也相繼以《中英聯合聲明》為基礎，對中國內地提出指責。

面對眾多關於違反《中英聯合聲明》的指責，在接着 2017 年香港特區回歸祖國 20 週年前夕，中國外交部正式宣佈，《中英聯合聲明》作為規範香港特區回歸中國後如何管治香港特區的藍圖，在香港特區回歸中國、落實「一國兩制」後，已成了一份歷史文件，不再有任何現實意義。當時外交部發言人陸慷進一步說明，《中英聯合聲明》不再對中國有約束力。

究竟《中英聯合聲明》作為中英兩國簽署的一份外交文件是否仍然有效，需要看文件的本質及內容。

涉及國與國的協議性文件一般若經過戰爭後，兩個或多國之間達成的協議會以條約形式進行。19 世紀中國屢次戰敗後與戰勝國簽署的便是多條戰敗條約，如《南京條約》、《辛丑條約》、《馬關條約》等。國與國間的條約亦可以用作締結盟約，或用作落實就特定問題國與國之間的協議。對於國與國之間的條約，締約國須就條約的履行對其他締約國負責。

在外交範疇，「聲明」是某一國申明該國在某些問題上的立場和政策。根據聯合國對外交人員發出的訓練與研究指引，認為某國作出聲明，可以是有法律約束力的，但一般均不會有法律約束力。然而，在外交範疇，由兩國或多國共同簽訂的聯合聲明，等同是國與國之間的條約，具有法律約束力。兩韓 4 月在板門店簽署的《板門店宣言》（Panmunjom Declaration），便是以聯合聲明的方式簽署，因而便是具這樣意義的、等同條約的外交文件。

與《板門店宣言》比較

但若細心把最近簽署的兩韓《板門店宣言》與 1984 年中英兩國簽署的《中英聯合聲明》比較，可以發現有一些顯著的不同。

《板門店宣言》主體內容共分三大段涵蓋 13 小段，每一大段及每一小段均清楚寫明是南韓及北韓同意某一事項，每一段都是以「南韓及北韓同意……」或是「南韓及北韓確認……」等雙方共同聲明的形式表達；反觀《中英聯合聲明》卻有完全不同的表達方式。

《中英聯合聲明》以雙方聲明文本及三個附件形式表達，在有八條內容的聲明文本中，中英兩國在不同段落裏，或是各自以單方聲明方式表述自己的立場政策，又或是以共同聲明方式表達就雙方均參與的政策與事務雙方同意的決定。

《中英聯合聲明》文本中開宗釋義及主要內容是中英雙方各自的單方聲明。在第一條中，中國單方聲明 1997 年 7 月 1 日收回香港、九龍、新界，恢復行使主權。第二條裏，英國單方聲明

在 1997 年 7 月 1 日將香港地區交還中國。然後第三條中國單方聲明對香港地區的基本方針政策，並以附件形式詳列。

在《中英聯合聲明》第四及第五條中，中英雙方才作出共同聲明，同意過渡期由英國管治香港地區、中國政府給予合作，以及同意成立過渡期的聯絡小組的安排。而第六條處理的是橫跨香港地區主權回歸前後在香港地區的土地契約問題，所以也由中英雙方以共同聲明及附件的方式表達。第七及第八條，雙方同意將聯合聲明內容及附件付諸實施及訂明生效日期。

如果細心分析《中英聯合聲明》的表達方式，可以看出主權移交方式與戰敗後割地賠款的條約不同，在聯合聲明中各自單方聲明是雙方各自表述的表達方式。中國單方聲明它對香港地區在 1997 年 7 月 1 日恢復行使主權，英國單方聲明它主動在同一日交回香港地區。這是對解決那段充滿傷疤的歷史遺留下來的問題雙方均有體面的表達方式，欠缺的是雙方共同同意的表達。雙方共同聲明表達雙方共同同意的，只是有關過渡期的安排，以及涉及了橫跨回歸前後的土地契約安排。

中國在單方聲明中詳細說明了恢復行使主權後對香港地區管治的方針政策，在與英國共同聲明中說明了對土地契約的政策，這些都也可以說是中國的承諾。這些管治方針政策的落實與土地契約的落實，事實上便是回歸後 21 年來英方所說《中英聯合聲明》的執行情況，因而站在英國立場，《中英聯合聲明》涉及落實中國聲明對香港地區的方針政策，是中國必須履行的。

中國一直所持的立場是：《中英聯合聲明》中有關中國對香港地區的方針政策、與土地契約的承諾，已通過制訂與落實《基

本法》而實施，所以中國已完全執行了《中英聯合聲明》中第三條中國單方聲明對港方針政策及第六條共同聲明就土地契約所作的承諾，而《中英聯合聲明》第一、二、四、五條早已執行完畢，因而基本上《中英聯合聲明》已不再有效。任何對中國在執行《中英聯合聲明》第三條管治方針政策的指責，已變成了是落實與執行《基本法》的問題，落實與執行《基本法》屬香港特區內部事務，是中國內政，外國無權干涉。

值得注意的是，在國與國之間的條約中，條約條文的執行有問責與負責的元素。即締約國一方須向另一締約國，就條約條文的執行與違反向對方負責或要求對方交代。

反觀每一次英國對中方提出違反《中英聯合聲明》的指責，並沒有以締約國問責的形式要求交代，只是含糊地說中方違反了《中英聯合聲明》，沒有明確指出違反了《中英聯合聲明》的哪一條哪一節，因為英國很清楚，若清楚指出違反了哪一條哪一節，便進入了《基本法》的相關章節，如何執行《基本法》、是否違反《基本法》，都是香港特區內部事務，由香港特區的行政部門及法院處理。在外交層面英國可以批評，但無權過問。

簡單來說，對英國而言，《中英聯合聲明》在香港地區主權回歸中國後，成為英國仍然可以每半年檢視香港特區情況、保持不斷批評香港特區事務的唯一外交及法理依據。實際上，英國是否可以就對《中英聯合聲明》某一指定的違反事項，按《中英聯合聲明》相關條文向中國問責及強制對中國執行，只能是外交及法理上的學術討論。政治上，中國已表明了不同意這外交及法理依據仍然存在。

《中英聯合聲明》是中英兩國遞交給聯合國存檔的協議文件，但文件本身是否仍然有效，抑或如中國所說已不再有效，唯一可以驗證的是若英國認為中國違反《中英聯合聲明》，大可交由國際仲裁。然而英國永遠不會這樣做，原因一是法理上欠奉，二是政治現實不容許。在國際政治的現實中，能成功干涉外國內政的國家，歷史上只有美國。隨着《基本法》的落實與實施，以英國今天的國力，《中英聯合聲明》除了作為英國法理基礎上，可以每半年在外交部的「香港問題報告」中紙上空談指指點點，為香港特區本地的反對派提供攻擊中國內地及特區政府的彈藥外，實際上真的已沒有甚麼現實意義。

（原文發表於 2018 年 10 月 14 日）

潛伏在香港的「木馬」

因邀請鼓吹香港獨立的香港民族黨召集人陳浩天到外國記者會（FCC）演講，而引起軒然大波的外國記者會副主席馬凱（Victor Mallet），10月在香港特區的工作簽證到期，申請續期不獲批准。馬凱在申請工作簽證續期期間離港再回港時，僅獲給予七天停留批准。馬凱是英國護照持有人，他入境香港特區只獲准七天逗留簽證，遠遠低於一般持英國護照進入香港特區的旅客可獲六個月逗留期的期限。

馬凱是《金融時報》亞洲新聞主編，在他的工作簽證續期被拒時，僅被給予七天時間逗留，一般相信與FCC邀請陳浩天演講宣揚港獨事件有關。對馬凱被拒續簽工作簽證，英國政府要求特區政府解釋，美國政府亦關注事件；香港特區的反對派則強烈批評拒絕馬凱工作簽證，嚴重損害香港特區的言論及新聞自由，動搖本地及國際對「一國兩制」的信心。

雖然特區政府以一貫態度不對個別簽證決定置評，但毫無疑問，對馬凱工作簽證拒予續期，並只給予七天逗留的決定，必然是政治決定；而且是向馬凱本人、在香港特區的外國媒體，以至國際社會傳遞一個重要的信息 —— 不僅是中央政府、香港特區政府對宣揚港獨都是持零容忍的態度。

在 10 月向立法會宣讀《施政報告》後，特首林鄭月娥曾表示香港需要更大的政治包容，林鄭月娥的政治包容說法立即面對質問。她被質問政府拒絕給馬凱工作簽證續期，如何可以說服市民這不是打壓新聞自由或政治異己，而是政治包容時，便斬釘截鐵地表示，政治包容有前設，亦即不能觸碰「一國」底線。她更表示如果政府息事寧人，便會有人變本加厲，故政府不可迴避。

林鄭月娥的說法，差不多已很清楚表達了特區政府就馬凱邀請陳浩天到 FCC 演講，引致馬凱被拒續期工作簽證的立場，亦間接承認了馬凱被拒工作簽證續期與相關人士觸碰了「一國」底線有關。

沒有受過正規國民教育、甚至沒有讀好中國歷史如陳浩天這類年輕人對中國疏離，一面倒接受西方價值灌輸、不從多角度思考、拒絕接受自己的中國國民身份而導致思想混亂，對國家與民族的概念混淆不清，誤入歧途走火入魔，走上鼓吹港獨之路。

確實如香港的反對派所言，如陳浩天這樣不切實際鼓吹港獨的年輕人只是極少數。但鼓吹港獨威脅香港「一國兩制」的，不是這一小撮極少數的青年人，而是一些戀殖政客與仇恨中國共產政權人士，以至敵視中國的一些外國政府與外國媒體。他們對這些誤入歧途的年輕人不單視若無睹，甚而以捍衛言論自由、新聞自由為藉口，變相包庇與鼓勵這小撮年輕人在錯誤的道路亂闖，影響其他年輕人，把鼓吹港獨思維向其他年輕人散播。

特區政府費盡九牛二虎之力準備 800 頁紙的證據，才能引用《社團條例》把鼓吹港獨的香港民族黨定為非法社團予以取締；但對其他仍然或是以自決、或是以學術討論港獨、或是以新聞自

由或言論自由或其他方式為藉口變相包庇掩護鼓吹港獨的組織與活動、或是對為鼓吹港獨組織提供平台的組織活動者無可奈何。

香港作為國家一個特別行政區，在《基本法》下，有一個更複雜的因素是為鼓吹港獨者推波助瀾包庇掩護的，不乏非中國籍的香港居民。任何政府決定觸碰到這些非中國籍的香港居民，便會引來外國政府的干預。2015 年銅鑼灣書店事件主角之一的桂民海便是因為持有瑞典籍，所以瑞典政府便有權過問。同樣地，馬凱是英國人，英國政府在馬凱被拒絕工作簽證續期時便有權過問，緊急要求特區政府解釋。

根據 2016 年中期人口普查，在香港 730 多萬人口中，持有外國護照的香港居民人口比例，由 2006 年中期人口普查的 5% 上升到 2016 年的 7.7%，人數由 342 198 人上升到 584 383 人。在這 7.7% 的外國籍人口中，約 4.7% 為菲律賓及印尼籍人士，相信大部分為外籍傭工，餘下佔香港人口 3% 的外國國籍人口中，基於英國與香港特區的特殊關係，英國籍（不計算沒有居英權的英國國民（海外）護照持有人）的香港居民有接近 0.5%，超過 35 000 人。

近 60 萬外國籍永久居民在港享有領事保護權

香港作為國家的一個特別行政區，根據《基本法》第二十四條第（四）款規定，在香港合法居留的外國籍居民，除了是外傭外，居留超過七年的均可申請成為香港永久居民。外國籍香港永久居民與中國籍永久居民享有同等權利。然而更重要的是非中

國籍永久居民在香港可以享有領事保護權，特區政府對這些類別的永久居民採取任何行動，相關的外國政府均有權介入干預。香港回歸祖國 21 年仍未能根據《基本法》為國家安全立法，在目前香港特區並沒有國家安全立法的環境下，假若這些外國籍永久居民在香港特區進行損害國家安全、主權及領土完整的行為，特區政府不單不能如任何國家一般把這些外國人請走，更要面對這些人所屬國家政府的指點干預。以馬凱的例子，假若他已在香港連續工作超過七年，他便可成為香港永久居民。以香港永久居民身份，若公然鼓吹港獨，或為鼓吹港獨的任何團體提供平台，只要一天這些鼓吹港獨團體未被定為非法團體，在缺乏國家安全立法的情況下，特區政府對這些為鼓吹港獨團體提供平台搖旗吶喊的外國人，也是無可奈何。

西方國家的雙重標準

在東方傳統與西方價值的爭論中，以西方價值為中心的西方國家政府、外國記者與媒體，視批評不按西方標準的行為為天公地道，反對或批評西方標準的，便被他們視為大逆不道。但西方國家有真的嚴格按他們的標準處理涉及國家安全的問題嗎？就以不久前美國司法部以散播網上謠言干預美國中期選舉為理由，起訴一名俄羅斯女士為例，可以看見當涉及國家利益時，所謂言論自由，西方國家也早已拋諸腦後。事件中，美國聯邦調查局便明言起訴突顯網絡宣傳對美國民主的威脅。西方國家便是這樣的雙重標準，非西方國家防範阻止網絡惡意宣傳的被視為侵犯言論自

由、大逆不道，他們自己幹同樣的事情便是天公地道。

在香港特區，打擊宣揚港獨，站在中國人立場來看是天公地道，卻被西方國家政府、外國記者與媒體視為侵犯言論自由、新聞自由的大逆不道。這種爭論實質便是爭奪話語權的信息戰爭。對香港社會觀察入微的潘麗瓊便以《木馬屠城記》的「木馬」譬喻如馬凱一般隱藏在香港打信息戰的西方媒體及人士，適時發難，在香港內部挑起爭端，為外部勢力對香港指指點點開路。

在任何國家，對國家民族的認同與效忠是一個非常嚴肅的話題，不會有任何國家讓這些問題任由非本國公民反客為主、說三道四。然而在香港特區，以立法會議員因宣誓效忠問題而被取消議員資格的司法覆核案件例子來說，為個別被取消資格議員在法庭陳詞的，竟然是不懂華語的非中國國籍大律師，主審法官用英語審判用英文裁定一個議員以華語宣讀中文誓詞是否有效的案件，這便是面對關乎國家安全與利益問題時，香港遇上的特殊而荒謬的滑稽情況。香港特區一些主張本土與自決的年輕人為保衛粵語抗拒中國，甚至對在學校普及普通話也極度抗拒。然而，在香港這荒謬而滑稽的情況下，卻用英語聆訊及裁定涉及國家利益與價值觀的國家效忠議題，究竟是甚麼人在掌握了話語權？

香港《基本法》第二十三條規定特區政府須為國家安全自行立法，規定立法涵蓋除了包括禁止叛國、分裂國家、煽動叛亂、顛覆中央政府、竊取國家機密等五項行為外，更包括了禁止外國的政治性組織或團體在香港進行政治活動，以及禁止香港的政治組織或團體與外國政治性組織或團體建立聯繫這兩項重要內容。

今天的馬凱，居港未足七年，特區政府可以拒絕讓他繼續居

港，將事件了結。不清楚的是不知道將來會有哪一個如馬凱一般，但卻是持外國國籍的香港永久居民，以言論自由為藉口為鼓吹港獨者搖旗吶喊提供平台，特區政府在缺乏相關國家安全立法下，除了眼巴巴任由外國政府說三道四、不斷抹黑香港外，特區政府將莫奈之何，也根本沒法把這些對「一國兩制」進行破壞、潛伏在香港的「木馬」請走。

來港工作的外國人對中國沒有國家效忠這意識，這些外國人若成為外國國籍的香港永久居民，只要其中極少數熱衷參與涉及中國國家主權與統一的香港政治爭論，均將為已喋喋不休的香港政局帶來更多更複雜沒完沒了的爭論。

馬凱事件從另一個層面突顯了《基本法》第二十三條立法的迫切性；也突顯了香港作為國際城市在維護國家統一與安全所面對的複雜局面。

（原文發表於 2018 年 11 月 18 日）

篇後記：

在沒有國家安全立法下的香港，長期以來意圖顛覆香港與內地政權的本地反共與戀殖勢力，勾結外國、敵視中國和各種心懷鬼胎的外國勢力，在 2018 年開始已由暗中心曲互通轉為公開叫囂，為 2019 年即將來臨的黑暴開路。特區政府內部滿是殖民地餘孽，對這股本地與外地合流的亂港勢力和圖謀不軌的西方國家政府不斷退讓。可幸的是中央政府洞察秋毫，果斷地在 2020 年為香港特區訂立《港區國安法》，

從法理上制止了這股本地亂港勢力與外部勢力勾結，不讓他
們繼續在香港特區胡作非為。

反對派操作 UGL 事件背後

就香港特區前行政長官梁振英在出任特首前，因澳洲 UGL 收購戴德梁行而收取了 5 000 萬港元（約 638 萬美元）案件，律政司在 2018 年 12 月以證據不足為理由，結束超過四年的調查。在提交給廉政公署審查貪污舉報諮詢委員會（審諮會）的報告中，律政司建議不就前特首在 UGL 案件中收取 5 000 萬元款項提出檢控。

律政司的決定，意料之中會引來一眾泛民主派議員，特別是就 UGL 事件窮追不捨四年的民主黨議員林卓廷的不滿。以證據不足為理由不就 UGL 事件對前特首提出檢控的決定，亦引起一些團體及一些人士，包括大律師公會及前刑事檢控專員江樂士（Ian Grenville Cross）的關注。在律政司作出不檢控決定後，關注的焦點似乎已不再是律政司的決定及決定的理據，而是律政司以證據不足作出不作檢控決定的過程中，並沒有徵詢律政署律師以外的外聘大律師的獨立法律意見。

特首林鄭月娥在回應傳媒的詢問時，表示是否就 UGL 事件對前特首提出檢控是律政司的專業判斷，是否就個別個案尋求外聘律師提供獨立法律意見也是律政司的專業判斷。而律政司司長鄭若驊則表示，若考慮的案件涉及律政署人員，才會在作檢控決

定時外聘律師提供獨立法律意見。

堅持必須就 UGL 事件是否需對梁振英提出檢控外聘律師提供獨立法律意見的反對者，當然不接受特首及律政司司長的說法。就 UGL 事件窮追不捨的反對者不僅不滿沒有外聘獨立法律顧問提供檢控意見，而是根本地不滿現屆政府不對梁振英提出刑事檢控。

UGL 事件的另一主角民主黨立法會議員林卓廷為事件奔走四年，並眾籌資金，分別到英國及澳洲投訴，尋求依當地法律對梁振英在 UGL 事件中收取 5 000 萬元作出刑事檢控。但兩地相關執法部門均已表示不會就事件進行刑事檢控，因而針對梁振英行動的唯一渴望便是在香港的調查及檢控。律政司的不檢控決定當然令他們失望，作出檢控決定過程中沒有尋求外聘律師獨立法律意見，給反梁振英的人新的彈藥，讓事件可以繼續燃燒。

廉政公署或其他執法部門就刑事案件調查蒐集證據提交律政署，律政署在檢視證據後決定是否對相關人士提出檢控。律政署決定的依據是律政署的檢控守則，目前該署沿用 2013 年頒佈的檢控守則，其中第五條訂明律政司在任何案件中決定是否檢控的兩項重要考慮是（一）所得的可接納證據充分支持進行法律程序，而基於公眾利益必須進行檢控；及（二）具充分證據，而根據這些證據顯示，可在相關檢控中有合理機會達致定罪（the evidence demonstrates a reasonable prospect of conviction）。

這兩點在作出檢控決定時律政司必須依循的考慮準則，其實早在 2002 年的檢控守則第七條及第八條已有相關規定，一直沿用至今。而守則規定有合理機會達致定罪的準則，表示並非單單

有表面證據便可進行檢控，而是要律政司認為證據足以支持有合理機會達致定罪才可進行刑事檢控，那是相當高的門檻。而律政司必須以其法律專業，判斷決定案件證據是否達致這門檻。

因此在沒有涉及利益衝突及身份避嫌的情況下，律政署部門內的律師具有充分的專業知識及獨立性，決定案件是否符合檢控守則的兩項考慮準則而作出是否檢控的決定。是否尋求外聘獨立法律意見，從純專業的角度看，只在有利益衝突及需身份避嫌的情況下才有需要，在沒有需要避免利益衝突及身份避嫌的情況下，尋求外聘獨立法律意見往往是卸除政治責任的政治決定。

UGL 案在上任律政司司長袁國強仍在任時已開始調查，袁國強為前特首委任的律政司司長，為避嫌袁國強把案件完全交由刑事檢控專員楊家雄負責，自己不參與決定。有意見認為因為現任律政司司長鄭若驊並非由前特首委任，故即使參與決定是否檢控前特首也不存在需身份避嫌的情況。

前刑事檢控專員江樂士多次高調表示，對律政司作出不檢控決定時沒有外判尋求法律意見感到非常驚訝（very surprised），認為不符合一貫做法，並指鄭若驊並沒有留意所屬部門的既定政策。

甚麼案件需要外聘獨立法律意見是律政署的「既定政策」，社會大眾並不清楚。但江樂士在 1997 至 2009 年任刑事檢控專員期間，發生了胡仙案。案中胡仙及其他星島集團的行政人員被指控誇大《英文虎報》發行量串謀詐騙廣告客戶，當年律政司司長梁愛詩以證據不足及公眾利益為理由，決定不對胡仙作出檢控。江樂士後來在 2013 年憶述胡仙案時曾表示，該案中他曾與梁愛

詩持不同看法。但與梁愛詩討論後，他接受梁的決定，並相信梁愛詩的決定並無私心。

這次 UGL 案件中，江樂士高調不同意現任律政司司長鄭若驊不尋求外聘律師法律意見的做法，究竟是表示（一）他不同意律師署律師認為證據不足的判斷？抑或是（二）他不相信鄭若驊在作出決定時並非並無私心？就第（一）點，作為已不在其位的局外人，江樂士並無任何基礎作出質疑。而第（二）點是非常嚴重的質疑，曾任律政署刑事檢控專員的江樂士，必然了解律政署對是否應就某一案件作出檢控決定時的內部運作及準則，單以某一案件不尋求外聘獨立法律意見便對律政署檢控決定的公正性高調作出質疑，顯然是具有前設立場的輕率做法。

其實，歸根到底，在香港社會留意政治風的人都可以看出，四年來一些人堅持對梁振英鍥而不捨尋求檢控，本質上是基於政治上的考慮而非法律上的考量。簡單來說，如果在沒有外聘法律意見的情況下，律政司決定檢控前特首，個別泛民政客、大律師公會以至江樂士還會這樣鬧嗎？還會問為甚麼沒有外聘法律意見嗎？不會。因為檢控前特首符合了他們的前置立場。因此，要質問律政司為甚麼沒有外聘律師提供獨立法律意見才作檢控或不檢控，質問者首先要展示的是為甚麼需要獨立外聘法律意見，而不是簡單一句沒有內容的「既定政策」或乾脆不提要求理據、憑空假設律政司不公地要求律政司或政府解釋。

英國與澳洲相關部門在早前作出決定，認為案件不應作刑事檢控，其實已很大程度反映了該案從證據角度看並無可跟進的基礎。香港特區律政署的決定成了欲置梁振英於死地的人最後的希

望，律政司的決定使他們失望是可以理解的。

律政司不檢控決定及不再對案件繼續調查的決定報告，遞交了廉政公署審諮會，並經審諮會委員的詳盡認真檢視及質詢後獲接納。審諮會的公正及獨立性不容置疑（註），因而事件就如其他眾多案件一樣，理應告一段落，但卻因欠缺外判法律意見，與處理另一前特首曾蔭權被指貪污及公職人員行為不檢案不一致，而留下尾巴沒完沒了。

然而，值得留意的是，同是對前特首梁振英與曾蔭權的指控而需作出是否檢控決定，有一基本不同。曾蔭權任特首前任職公務員 30 多年，一直在公務員系統工作，在公務員系統中人脈網絡關係複雜，律政署內可能不少人是他在公務員系統的舊部或下屬，身份避嫌應是尋求外判獨立法律意見的主要原因。而梁振英出任特首是商界人士空降政府，在調查進行時已卸任特首，在公務員系統中並無人脈關係，身份避嫌的問題並不存在，律政署在案件作出檢控決定的考慮，純粹依據律政處內部律師的專業獨立判斷並無不妥，反對者繼續讓事件沒完沒了的鬧下去，聚焦的已不是原則而是針對梁振英個人，使梁振英即使沒有被檢控也要因律政署沒有外聘獨立法律意見而讓他繼續被指控，永遠蒙上不白之冤。

註：我必須聲明，我自 UGL 案開始調查至今，仍為廉政公署審查貪污舉報諮詢委員會成員。由於我與梁振英超過 40 年的交往，故在審諮會開始監察 UGL 調查進展時已申報利益，因此我在每次審諮會的會議討論到 UGL 案時均退席不參與討論，而審諮會亦從未有提供廉政公署或律政司提交審諮會關於 UGL 案的文件給我閱讀。同樣，前審諮會主席譚惠珠是梁振英選特首時的支持者，因而在審諮會討論 UGL 案時亦同樣退席不參與討論，確保審諮會的公正獨立。

香港坊間早已有傳聞，說泛民政黨及政客恐懼的是梁振英在 2017 年不再連任特首、卻可能在 2022 年捲土重來，因而必須以 UGL 事件繼續不斷發酵，以阻止他們想像中梁振英在 2022 年東山再起的企圖。

UGL 事件，在律政司作出不檢控決定後，已不再是法律問題，而是反梁振英的一些人繼續操作沒完沒了的政治議題。

（原文發表於 2019 年 1 月 13 日）

修訂移交罪犯條例突顯的問題

　　一位香港青年在 2018 年涉嫌在台灣殺害女友後潛逃返港，礙於香港與台灣並無移交罪犯協議，未能將涉嫌犯引渡返回台灣受審。針對這一漏洞，香港特區政府在 2019 年 2 月提出就目前與外地司法管轄區相互移交疑犯的安排進行公眾諮詢，建議修例以「一次性」個案方式，處理包括中國內地、台灣與澳門在內等目前並未與香港有移交疑犯協議、或恆常性刑事事宜相互法律協助協議的國家及地區的移交疑犯安排。

　　目前適用香港特區與外地相互疑犯移交安排的兩條例：《逃犯條例》適用於 20 個香港以外的司法管轄區，而《刑事事宜相互法律協助條例》則適用於 32 個司法管轄區。但兩條例不適用於這些司法管轄區外包括香港與中國內地、澳門及台灣之間的引渡要求。修訂條例的目的便是要撤銷相關限制，容許就目前兩條條例列明的司法管轄區外的其他國家及地區，可通過本地執法部門、經行政長官許可就個別案件依下列移交疑犯的六項重要規定，向本地法庭申請引渡許可：

　　一、涉及案件行為必須也屬於干犯香港法律的刑事罪行。

　　二、罪行必須屬於《逃犯條例》中訂明的 46 項嚴重罪行之一。

　　三、若被移送地會對罪犯執行死刑的，便不移交。

四、政治性質罪行均不移交。

五、即使請求移交是基於某罪行提出，但若實際上是基於政治立場、種族、宗教信仰或國籍原因，均不移交。

六、若已移交的人可能因其政治立場、種族、宗教信仰或國籍原因，而在審訊中蒙受不利或被懲罰、扣留為人身自由受限制的，均不移交。

這種許可證制度其實是仿效了英國由內政大臣簽發引渡許可，加拿大由外交部長簽發引渡許可的做法，而原有的《逃犯條例》已參照了聯合國相關範本及國際慣例，最終是否把疑犯移交，由特區法庭把關，而且有充分的上訴機制，規定與運作是嚴謹的。

但是，政府提出修訂兩條條例的建議後，香港特區激進泛民主派立法會議員、反共政客及學者，均對這符合西方國家規定的做法表達了強烈反對。民主黨立法會議員涂謹申反對修例，他所表達的擔憂直指中國內地，擔憂若內地請求引渡涉及政治目的，港府難以抵受壓力，批評特區政府借港青涉嫌在台灣殺害女友事件社會上的普遍同情受害人，來打開（向內地移交疑犯的）缺口。

其實，特區政府提出修例後的《逃犯條例》及《刑事事宜相互法律協助條例》仍然只適用兩條例包含的 46 項嚴重罪行，當中並不包括泛民政客與反共學者所擔憂涉及政治的案件。兩條條例執行了超過 20 年，並無任何爭議，泛民政客也從來沒有就兩條例的執行，發表過類似這次建議修例後所表達的憂慮。

然而，香港大學法律學系講師、本身是律師的張達明說，憂慮內地會以其他性質的案件包裝政治事件，將政治犯從香港引渡

到內地。他同時擔心特區的法庭會被「擺上枱」，甚至明言內地情況難以令人信服是有法治的。香港民主派普遍表達的擔憂是，認為修例的目的是為移交港人到內地法院受審「開綠燈」。

從激進泛民議員、反共政客與學者就修訂移交疑犯相關條例所發表的言論及表達的所謂憂慮，反映到核心的問題，概括來說，是簡單一句：激進泛民議員、反共政客及學者已接近非理性、是非不分的盲目反共和以偏概全的蔑視內地法律制度。他們骨子裏就是對目前中國政府的徹底不信任，而以「陰謀論」看待正常的法律修訂。為了抹黑中國內地法院與法制，不惜因此而對他們一直信賴的香港法庭與香港特區的司法獨立，也突然變得沒有信心。

特區政府成立以來有接近 200 名疑犯由內地移交香港，但從香港移交內地的一個也沒有。港青涉嫌在台灣殺害女友潛逃返港的案件，顯示了目前香港與內地、澳門及台灣之間疑犯引渡安排的漏洞，修例的目的便是不讓香港特區成為罪犯的逃避天堂。

反共政客及學者與過氣戀殖高官販賣恐共情緒

香港一般市民對於涉及政治異見案件當然不會認同應包括在引渡規定之內，但對於激進泛民議員及反共政客與學者的「走火入魔」極端看法普遍並不認同。激進泛民議員與反共政客及學者借這次建議修例，再次販賣恐共情緒。為此，個別議員、政客與過氣戀殖高官甚而不惜跑到美、日等國家，尋求外國勢力支持他們的立場。這種以立場取代是非與理據的做法，只會再次被大多

數理性與明辨是非的香港市民唾棄。

在親北京建制派立法會議員全力支持修例下，議會中佔少數的泛民議員對修例的反對可能只是吹皺一池春水，影響不了修例的進程。但單單只有親北京議員在立法會的支持，並不足夠通過修例。在立法會中佔超過七分之一票數的商界代表是通過修例的關鍵少數；若他們不支持，修例便不能通過。

這次修例泛民議員基於反共政治立場作出的阻撓與反對，是預料之中；但在修例過程中，最吊詭的是具商界背景的立法會議員的取態與動向。在建議修例的公眾諮詢初期商界並沒有積極表態，到了特區政府已差不多掌握及成功處理了泛民議員表達的憂慮時，商界才開始表態。

香港商界就個別罪行是否應包括在非恆常性引渡安排中，在公眾諮詢的最後階段才表達了他們的保留意見，威脅不支持修例。

為了獲取這關鍵少數商界立法會議員的支持，特區政府因而作出妥協，對修例草案作了修訂。對修例後適用於非恆常引渡安排的司法管轄區適用罪行，從原來的 46 項罪行中剔除了 9 項，包括：

一、破產及清盤法例所定的罪行。

二、與公司有關法律，鎖定涉及公司、高級人員董事及發起人的罪行。

三、與證券及期貨有關的罪行。

四、知識產權、版權、專利或商標法例所定的罪行。

五、與環境污染，以保障公眾衛生的相關罪行。

六、貨物進出口與國際資金轉移法律所定的相關罪行。

七、涉及非法使用電腦的罪行。

八、與財政課稅、與稅務有關的罪行。

九、與商品說明有關法律的罪行。

同時對這些非恆常引渡安排的司法管轄區的適用罪行，並加上了有關罪行判刑必須不少於三年的要求。

很明顯，剔除的 9 項罪行絕大多數涉及商業罪行及從事商業活動時相關人員的非法違法行為，當中絕大多數屬於嚴重罪行。把這些罪行剔除，變相是對在異地干犯這些嚴重商業罪行的罪犯引渡提供豁免，讓香港成為這些罪犯的庇護地。

特區政府從恆常引渡安排的 46 項罪行中剔除 9 項，只剩下 37 項作為非恆常引渡安排涵蓋罪行，完全是政治決定而不是法律決定，與特區政府最初說提出修例是為堵塞法律漏洞的說法大相逕庭。特區政府為了希望條例修訂獲得通過而向商界屈服，讓公眾看到的是特區政府對涉及商界的多項經濟及商業罪行的追究引渡自我設限，向外發出香港包庇商業罪行罪犯的錯誤訊息。

香港商界及他們在立法會的代表站在商界利益立場向特區政府施壓，有評論便認為，來自商界的立法會議員利用手中的關鍵票向特區政府施壓，為非恆常引渡安排設限，骨子裏與泛民議員一樣，所表達的也是對中國內地法制與法院的不信任。

與醜陋商界議員的醜陋交易

有陰謀論者更認為，香港商界及商界議員在修例公眾諮詢初

期並不積極表達意見，目的便是旁觀面對香港泛民主派的巨大壓力，究竟特區政府會讓步多少然後謀定而後動。結果特區政府對泛民寸步不讓，所以商界才自己赤膊上陣利用關鍵少數票向特區政府施壓，以達到他們的目的。特區政府若與泛民妥協，仍可算是政治角力的結果；但特區政府與商界議員的交易，只能以「醜陋」一詞來形容。

在特區政府把修例文本提交立法會首讀前夕，一位在 2011 年缺席在澳門被控行賄審訊而被定罪的香港富商，就修例向香港高等法院提出司法覆核，指出有關疑犯移交的法例違反人權法，並要求法庭判定修例後的移交罪犯條例不具追溯力。

香港泛民為本身針對中國內地一地的政治立場而反對涵蓋香港特區與眾多國家移交疑犯的修例，商界為爭取本身利益與法律豁免而反對修例。似乎香港已是墮落到成為一個個人與個體、政治取向、政黨與利益集團利益為上的社會；在政治與政策層面，能真正為香港社會的實質整體利益作考慮及發聲的政客與政治人物已少之又少。

（原文發表於 2019 年 4 月 14 日）

篇後記：

在 2019 年初，相信誰也沒有想到一條毫不起眼的修訂移交罪犯條例竟然引起軒然大波，帶來長達一年多的黑暴肆虐，徹底把香港社會撕裂和改變。過去 20 多年來外國勢力、本地反共力量、殖民地餘孽在香港特區埋下仇共反中種

子深耕細作得出的果實，借這突破口來一次全面的展示。個別自願充當外國政治勢力棋子的本地政客，更販賣廉價恐共情緒，跑到外國説三道四，意圖借外國勢力對香港與北京施壓，其意圖與行為，實在至為卑鄙。

窩囊的「佔中英雄」

2014 年 12 月「佔領中環」落幕,四年後「佔中」的三位發起人及其他六位推動佔中參與者被稱為「佔中九子」的九人,被控煽惑他人干犯公眾妨擾等罪名案,在 2018 年 11 月開審。擾攘了幾個月,主審法官在 2019 年 4 月以 228 頁紙的英文裁決書說明理由裁決九人罪成。佔中的三位發起人中,戴耀廷及陳健民,被裁定兩項罪成,包括串謀干犯公眾妨擾罪及煽惑他人干犯公眾妨擾罪成。另一發起人朱耀明則被裁定串謀干犯公眾妨擾罪成。

其他六名被告亦分別被裁定煽惑他人干犯公眾妨擾和煽惑他人煽惑公眾妨擾罪成。

作為佔中概念發起者的戴耀廷及陳建民被判入獄 16 個月,即時入獄;朱耀明則被判 16 個月刑期但獲緩刑。另外兩名被告被判監 8 個月,即時入獄。餘下的四名被告中三人分別被判刑期獲緩刑或社會服務令。唯一仍未判刑的是立法會議員陳淑莊。她因發現腦部腫瘤需動手術,獲法官同意把判刑押後到 6 月手術後。

四年多前的佔領中環,示威者佔領香港島中區要道癱瘓交通兩個多月,長時間妨擾公眾正常生活,嚴重阻撓社會經濟正常運作。更重要的是,戴耀廷作為港大法律系教授,鼓吹「違法達義」

邪說歪理，荼毒年輕人走向為達到自己目的而肆意違法的歪途，與傳統主流社會的依法守法價值相違背。戴耀廷向年輕人宣揚「違法達義」歪理製造世代矛盾、撕裂社會。雖然他在佔中前已明言要「違法」以「達義」，豪言會認罪就義；但面對檢控，卻無恥地食言，為求脫罪寸土必爭，在法庭糾纏數月。他被判罪成及被判刑，只可以說是罪有應得。

佔中的發起人及與他們一起煽惑年輕人犯法的被告，堅持戴耀廷所謂的「違法達義」。而問題便是這個「義」字。每一個人對於甚麼是「義」會有不同的理解，佔中發起者的問題是他們把自己心目中的「義」強加於整個社會，從而把自己鼓吹的違法行為合理化。

但甚麼是「義」？即使是發起「佔領中環」的三個人對「義」也說不清，並有不同的側重。年紀最長的朱耀明是牧師，他心目中的「義」，是宗教性的；「義」對學者陳健民來說是學術性、也是政治性的。而對倡議「違法達義」概念的戴耀廷來說，他心目中的「義」又是甚麼？

從戴耀廷一直以來的言論，可見的是他口中的「義」只有煽惑人心、極度煽情而無內涵。就如曾同屬泛民的前立法會議員黃毓民，在觀察 2013 年戴耀廷為倡議佔中而進行的宣傳後，曾這樣評價他：「海外的佔領行動，修辭平實，現在戴耀廷主導的佔領中環用詞卻日益濫情，用『愛』與『和平』去佔領，語意自相矛盾……戴耀廷更在台上聲言：『愛與和平的力量很大，大得連坦克車的裝甲也能穿透』，這已經是近乎義和團式的夢囈了。」

戴耀廷所說的「義」便是這樣的夢囈。用這樣近乎義和團式

的夢囈去煽惑年輕人違法，法庭給予他懲罰是必須的，不單是作為對他的懲戒，更是作為對崇拜他的「夢囈」而甘願違法的年輕人的警誡。

在法庭對「佔中九子」作出判刑後，支持他們的泛民政客、政黨及團體，特別是那些佔中時大義凜然、擺出一副為理想而視死如歸模樣、熱衷政治的政客大律師，表現出來的卻是錙銖必較判刑輕重的窩囊狀棍。完全失掉了當日豪言為理想而無畏無懼、視死如歸的吞天氣概。

很多評論已曾經指出，自由民主典範的英美，對違法行為也毫不姑息。2011 年英國倫敦騷亂期間警方拘捕了 3 000 人，起訴 1 700 多人，371 人被判刑。同年美國發生短暫的佔領華爾街，美國警方拘捕 700 多人，20 人被刑事檢控。「佔領中環」持續 79 天，嚴重破壞社會秩序、傷害經濟與民生，香港特區警方才檢控了 9 人，獲判入獄的才 4 人。西方媒體與政客以至前港督彭定康，對特區政府法律追究佔中搞手違法行為的刑責大肆抨擊，是赤裸裸的雙重標準。而這些在佔中前口口聲聲要「違法達義」，為公義不惜入獄的所謂「壯士」，在面對被追究刑責時卻大聲疾呼司法不公。若真的有司法不公，那便是一次又一次特區法庭在審理涉及這些人的案件時對這些人太優待了。

由煽惑一萬人違法達義光榮入獄逼爆監獄
到用盡方法求輕判脫身的諷刺

「佔中九子」被裁定罪成後，用盡各種方法與理由、動用了

所有的社會關係代為說詞，務求令法官輕判。雖然主審法官在對佔中九子判刑時說明，只考慮被告是否違法，並不考慮被告的政治理念，也表示法庭無意要求被告放棄他們的政治理念或政治訴求，而只關注各被告對他們的違法行動造成對公眾的傷害毫無悔意；但相對於重判佔中時在巨大壓力下犯過失的警務人員，讓人看到的是法官對佔中搞手量刑的寬容，已反映了法官個人對佔中被告人所持政治理念的態度已影響到法官的判刑。

支持佔中者，不乏香港一些熱衷政治、個別甚而曾經是核心泛民政客的知名大律師。「佔中九子」當中，個別代表他們糾纏官司兩年的便是這些具強烈政治傾向的大律師。這些由法律援助處按當事人要求委任、由特區政府結賬付款為佔中被告聘請的個別大律師，在法庭便是接受公帑賺一大筆政府錢，以法律與大律師身份為掩護，宣揚他的政治理念，走出法庭換個身份，便更毫無懸念地基於自己的政治立場，公開攻擊政府施政與政策。在這樣背景下的審訊，「佔中九子」的審訊已不是純法理與法律的審訊，而是以法庭為平台宣揚政治信念和以政治立場為爭拗理據。這樣的審訊，能真正的公平嗎？

違法與煽惑年輕人違法的佔中發起人被諸多呵護輕判，佔中期間為維持秩序行為過了火的警務人員與退休警務人員卻往往被毫不留情地重罰；自認為擁有崇高政治理念的便違法也可以被輕判，為維持社會秩序制止違法承受巨大壓力而不自覺超越了法律要求的便屢屢被重罰，這是法律上的公平嗎？

一直支持佔中的港大法律系教授、本身亦是大律師的陳文敏，在電台節目中援引英國案例，斤斤計較佔中三子判刑應是 16

個月還是更輕的刑期,而質疑法官判決佔中發起人沒有悔意和沒有向公眾道歉的事實判斷。在香港,這便是一些代表被定罪的流氓地痞的律師、大律師為求法官輕判他們的當事人,而慣常在法庭向法官提出的求情理據和伎倆。佔中搞手委託代表他們的大律師,以這種狀棍式的斤斤計較,應用在曾豪情壯語要從容就義的「佔中九子」量刑求情,實在有一點反高潮。這已不再是為理想豪邁地「公民抗命」及「違法達義」的社會運動家氣節。只是精心計算、爭相逃責搞事者的窩囊小技。

從佔中發起者起初的「違法達義」豪情壯語、無畏無懼、大聲疾呼無懼入獄的豪情,到被檢控後為求脫罪推卸刑責而官司打到底,到被判有罪為求輕判脫身而翻書揭典爭辯,甚麼伎倆都用上。究竟這是一班甚麼樣的社會運動領袖?整個佔中運動的焦點變成了已不再是在爭取民主,而是在謀求為搞事者脫罪避罰;整個佔中運動,已因為他們的領袖這種窩囊而變成了可笑亦可悲的鬧劇。

公民抗命的先驅 —— 印度聖雄甘地在 20 世紀 20 年代,為結束英國在印度的殖民統治,發動不合作運動。在 1922 年他因發表三篇鼓動他人參與不合作運動的文章而被逮捕,被控以煽動叛亂罪。甘地先生沒有如香港發動「佔領中環」那些窩囊領袖那樣,斤斤計較控罪及控罪內容和判刑。甘地在法庭上第一時間對法官坦然認罪,並且不要求寬恕。他為自己的行為這樣解說:「為這在法律上認為是故意犯罪,但在我眼中是公民應承擔的最崇高責任,我請求並且會愉快地接受可以加諸我身上的最重懲罰。」(I am to invite and cheerfully submit to the highest penalty that can be inflicted upon me for what in law is a deliberate crime and what appear to me to be the highest duty of the citizen.）

甘地所說的最崇高責任便是「公民抗命」中的必要元素 —— 為「公民抗命」而違法和坦然承認罪責，所彰顯的便是一位公民抗命運動領袖，大義凜然作出犧牲及承擔責任的風範。

回到香港，「公民抗命」的是這些為求脫罪、為逃避刑罰而官司打到底、上訴到底、如此窩囊的所謂佔中英雄，誤導了一班熱血為理想而斷送前途的年輕人。面對「公民抗命」鼻祖 —— 甘地先生，不知道這些自詡與被詡為佔中的英雄勇士，有沒有為他們的虛偽，誤導、荼毒和傷害了一代年輕人而感到羞愧。

（原文發表於 2019 年 5 月 19 日）

勇武當道議會癱瘓

英國國會有史以來連續任期最長的工黨國會議員，自 1970 年起已擔任國會議員至今達 49 年的丹尼斯・史堅拿（Dennis Skinner），在 2016 年一次有關巴拿馬文件揭發時任首相戴維・卡梅倫（David Cameron）投資以退稅天堂為基地的海外投資基金，面對質詢的國會下議院辯論中，用了一句「狡獪的戴維」（Dodgy Dave）來批評卡梅倫，被主持會議的下議院議長約翰・比考（John Bercow）裁定以「狡獪的戴維」批評首相為不當議會語言（unparliamentary language）而要求史堅拿收回。史堅拿拒絕收回，比考將史堅拿逐出會場，並着令他不能再參與下議院當日餘下的程序。

從史堅拿發表批評卡梅倫的言論，到下議院議長要求他收回言論被拒，然後下議院議長把他逐出下議院，史堅拿昂首靜靜地步出會場，均在極和平而體面的情況下完成。

香港地區經歷英國殖民地統治一個半世紀才回歸中國，回歸前立法局的和風細雨討論中保留了英式議會的傳統，這些傳統便包括在議會中不容許有不當的議會語言。

在回歸前的立法局辯論中，鮮有議員因使用不當議會語言而被逐離場的事件發生。在 1986 年一次立法局會議中，民主派議

員林鉅成簡單地一句描述主持會議的已故尤德爵士「擦鞋」(阿諛奉承),便即時被立法局首席議員嚴厲批評。回歸之後這些傳統雖然慢慢被侵蝕,在回歸初期,英式議會的相互尊重斯文傳統仍隱約存在。即使有使用不當議會語言的立法會議員在被逐離開會場時,也以和平而體面的方式自行步出議事廳離開。

但發展到今天的特區立法會,不難發現這些英式議會民主傳統已不復存在。市民看到的何止批評特區行政長官「擦鞋」那麼簡單,向特首扔文件雜物時有發生,甚至擲杯也被裁定沒事。立法會議事廳內肢體衝突或語言暴力幾乎每星期都發生,所使用的不當議會語言如地痞流氓黑社會常掛在口邊的「仆街」(橫屍街頭)也曾在立法會出現,與丹尼斯·史堅拿與林鉅成的相比,難聽何止千百倍,而且難聽的語言幾乎在每一次會議中都出現。而每一次議員被逐離場,都幾乎要動用保安抬走,而不是和平而體面地自行離場。

不單是立法會如此,即使是區議會,這些互罵與衝突,由保安員把被逐離場議員抬走的場面也時有出現。

事實上自從香港特區主權回歸中國以來,議會中的英式代議政制民主議會傳統,已因反對派議員的不斷衝擊、挑戰特區政府所堅持英殖民地統治遺留下來的行政主導,而被逐步蠶食。至今英式議會民主或西敏寺式議會民主(Westminster style democracy)的傳統,在香港特區的議會內已蕩然無存。

甚麼是西敏寺式議會民主傳統?一些奉行西敏寺式議會民主的國家,如加拿大及澳洲的學者及專門研究議會事務的研究員,總結出西敏寺式代議政制民主共有五項重要傳統:

一、處理議會事務必須得體及有秩序地進行。

二、議會中的少數必須獲得保護。

三、議會會議中給予任何一位成員自由及全面表達意見的機會。

四、經自由討論後議會中大多數的決定不應受阻。

五、議會須防止衝動地提出或未經慎重考慮便提出的法案。

2019 年年初特區政府提出《逃犯條例》修訂案，4 月初提交立法會首讀，按慣例首讀後成立法案委員會審議條例修訂。法案委員會召開首次會議，按傳統委員會由最資深議員主持首次會議選出委員會主席，然後由委員會主席主持法案委員會會議。

《逃犯條例》修訂案的法案委員會首次會議由立法會現時最資深議員、任職立法會議員已超過 27 年的泛民主派議員涂謹申主持。原本是簡單的選出法案委員會主席環節，一眾泛民反對派議員卻不斷互扯貓尾（串通、唱雙簧），不斷製造規程問題及拖延處理規程問題，經過兩次會議仍未選出法案委員會主席。

面對一眾泛民議員由涂謹申主持會議，變相率領一眾泛民議員拉布，癱瘓法案委員會，建制派控制的立法會內務委員會以書面通過委任議員石禮謙取代涂謹申，主持法案委員會首次會議主席的工作，引致法案委員會鬧出雙胞胎，泛民議員連同一些支持泛民的記者以肢體阻擾石禮謙主持會議，兩次意圖開會均因反對派議員粗暴阻撓而發生嚴重肢體衝突，使會議不能進行，衝突並且引致個別議員受傷送院。

一直被指通過《逃犯條例》修訂，為中央政府下達派發的硬任務的特區政府，要求立法會履行立法會憲制責任，盡速審議

《逃犯條例》修訂。保安局局長李家超以立法會法案委員會成立超過五星期，仍未能正常運作選出主席，並且出現嚴重混亂及衝突為理由，要求把《逃犯條例》修訂草案繞過法案委員會，直上立法會大會恢復二讀。建制派控制的立法會內務委員會也配合特區政府要求，通過將《逃犯條例》修訂草案直接交上立法會大會審議，於 6 月 12 日恢復二讀。

立法會泛民議員批評將《逃犯條例》修正案，繞過法案委員會直上立法會大會審議，是破壞立法會傳統、濫用權力。建制派中唯一反對將修例草案直上立法會大會的議員田北辰，亦批評這做法是廢掉法案委員會審議法案的功能，開此先例將後患無窮。

為甚麼香港議會會變成這樣？在民主社會，分歧有多大，爭論有多激烈，遵守議會傳統進行文明與體面的辯論，是所有政治人物都會自覺遵守的規則。這種不論是執政黨或在野政黨議員都遵守議會文明與體面辯論的傳統，主要原因是在普選民主政體下的政黨輪替。今天是在野反對黨，下一次選舉後很可能便是在朝執政黨。因而不論在朝執政黨或是在野反對黨，都有維持議會文明與體面傳統的誘因與動力。

英式議會傳統在英殖民地統治終結短短 20 年，便不能在香港維持的原因，在於香港特區並非普選民主。香港特區的泛民反對派，在現行的政治安排中，即使並非永遠，但在可見的一段長時間的將來，也不可能成為執政黨。這樣的政治環境下，沒有了上台執政機會，促使反對派變成了真的是純為反對而反對。也因如此，他們中部分人不接受為政黨輪替而存在的、眾多供多數黨與少數黨共同遵守的議會傳統、禮儀與規矩，是很容易理解的。

而更令泛民與整個反對派陣營忿忿不平的，是在地區直選中他們長期是大多數，只因立法會有一半議席並非地區直選產生，而使他們沒有成為執政黨的機會。因而對泛民政黨與政客而言，簡單來說：「你永遠要排除我執政的機會，我為甚麼要遵守你的規矩？」

　　但反過來說，若連他們崇尚的議會民主規範與傳統，他們也可以漸次走遠放棄，他們的抗爭已不再是如美國民權領袖馬丁路德金領導那種具尊嚴與被人尊重的抗爭。一羣輕易踐踏民主代議政制規範與傳統的人，已近乎是革命黨，他們的行為已告訴別人他們執政後也必然會執行他們所說的「制度暴力」，沒有資格帶領民眾以具尊嚴與被尊重的方式，爭取他們心目中以西方民主體制為模範的民主。

　　爭取公平與普及的民主是一個漫長的過程，西方國家的經驗可以看出，在邁向公平而普及的民主過程中，永遠有這樣或那樣的不公，有的是因為膚色的，有的是因為性別的；美國黑人爭取100年才有平等的投票機會，英國女性爭取超過半個世紀，才爭取到平等的投票機會。這些例子不斷告訴人們爭取公平與普及的民主選舉從來不是容易的事，需要的是極大的能耐。

　　目前可以看到的是香港主權回歸22年，泛民主派在回歸初年，誓言長期在野面對不公平的政制安排，會長期在議會中在野抗爭，但現今似乎已慢慢失去了這種能耐。在不公平的政制安排下，長期的挫敗與絕望感促使他們走上非理性激進勇武抗爭之途。更為不幸的是，一眾泛民政客為了抗爭而喪失了原則。

　　綜觀立法會內20多位泛民議員，他們當中沒有政治家，絕

大多數是連當一個重原則的合格政客也做不到。然而，政治人物的政治原則很重要。任何社會都有一小撮的激進分子，香港特區政壇也不例外，問題是泛民中佔多數本屬溫和理性的泛民政客，為保權位而甘願被激進分子騎劫牽着鼻子走激進路線，讓議事廳內勇武當道、議會癱瘓。這種行為已非文明的政黨政治行為，而是結黨營私的朋黨勾當，成為了阻礙香港特區前進與發展的毒瘤。

而對特區而言，在現階段如何將毒瘤分割，打破泛民朋黨團抱，把泛民主派中理性溫和的健康力量，吸收入現行特區政府依賴的建制派主導的政治體制，回復以保護少數派前提下由多數派主導，文明、互相尊重的議會傳統運作，似乎已變成了一個不可能完成的任務。

（原文發表於 2019 年 6 月 16 日）

香港已死兇手在逃

過去幾星期，香港特區經歷了一場回歸以來最大的政治風暴。

因特區政府提出修訂《逃犯條例》而引發反對派與政府對着幹，鼓動多數對修例內容根本沒有深入了解的人，恐怕因輕微罪行而會被引渡到內地受審的恐懼，引發數十萬人上街，並且爆發暴力衝突。事件結果引致政府暫緩推動修例。

整件事件由發生以至政府決定暫緩修例和後續事件，突顯了一個令人痛心的現象：香港已死。

香港已死在於：（一）恐共與反共的羣眾選擇相信謊言，並且沉醉在這種謊言構建的亢奮中。（二）社會上氾濫着一種以對年輕人愛護為藉口的矯情、包庇暴力，將施暴者美化為英雄而無人譴責。（三）政府在面對邪惡的暴力與無恥謊言的不濟；無力駁斥謊言，甘於向暴力屈服。（四）有良知的沉默大多數在謊言與暴力面前噤若寒蟬。

從整件事的發酵以至後來的演變，不難看出反對派為反對《逃犯條例》修訂而策動的一連串羣眾運動是經過精心部署，由文宣、引入外國勢力干預，到實際行動的仔細分工，均經過詳盡而細心的策劃。

針對市民對中國法制與司法的不了解而缺乏信心，反對派利用市民不了解修訂《逃犯條例》內容，以「反送中」為口號，蠱惑人心，危言聳聽並製作大量盡是謊言的失實短片，以謊言恐嚇香港市民會因修例而被隨便引渡回內地。

　　反對派政客這種以謊言為恐嚇，以達到鼓動對修例不了解的市民盲目反對修例的目的，已不再是對修例的理性討論，而是對修例的惡意抹黑和不道德的欺騙，誤導羣眾。

　　6月9日民陣發起反修例大遊行，號稱有103萬人參與，更是無恥謊言。警方數字指出遊行人數高峰期有24萬。香港科技大學雷鼎鳴教授以由出發地維多利亞公園到政府總部終點三公里路程，開放的一邊行車線線路面寬十米計算馬路路面面積有30 000平方米，加上遊行下半段開放馬路兩邊行車線全部路面，計算出遊行人士佔用的總路面面積共有45 000平方米。以當日遊行隊伍站滿了遊行路面面積、隊頭到了政府總部維園仍有18 000人等待出發計算，雷教授估算的總人數是20萬左右。

　　及後6月15日遊行，民陣說有200萬人參與，警方數字是338 000人，雷教授估算的數字是40萬。

　　用雷教授的估算方法，不管準確度偏差有多少，都可以看出民陣數字的嚴重失實誇大。以6月9日的遊行為例，假若有103萬人參與，以可供遊行人士站立的地面面積共只有45 000平方米計算，相等於遊行路面上及維園內，每平方米需要容納23人站立而且可以有足夠空間讓他們走動，亦等於一個50平方米的住宅單位，需要擠滿1 140人同時站立及可以讓每一個人有空間可以自由走動，這可能嗎？

其實無論是 20 萬或是 24 萬，以至後來在 6 月 15 日遊行警方估計的 338 000 或雷教授估算的 40 萬，都是值得尊重和重視的人數，民陣實在沒有必要把人數五倍的誇大。民陣把遊行兩次人數分別五倍誇大為 103 萬及 200 萬，目的只是以虛假數字增加聲勢、吸引國際注意。謊言在被眾多毫不專業的香港媒體不斷重複引用 100 次後成為事實，使民陣的虛假欺騙數字成為歷史紀錄。

謊言不單是遊行的人數，也是暴力。

6 月 12 日特區政府擬將《逃犯條例》修訂案提交立法會二讀，大批反對修例羣眾聚集在立法會及金鐘一帶，一些以口罩蒙面的年輕人，不斷掘起地面的地磚及拆掉路邊圍欄的鐵枝。到了下午三時半左右，在立法會大樓外的蒙面年輕人露出了他們暴徒的真面目，開始瘋狂向在場守護立法會大樓的警察如雨下搬掟磚及投擲鐵枝，把警察逼退到立法會大樓內。

在面對暴徒以可以殺人的磚頭及鐵枝的瘋狂攻擊，警方防暴隊開始還擊，向暴徒發射催淚氣體及布袋彈，打傷了一些暴徒。

反對派在這時便立即指摘警方對年輕示威者施以暴力，明顯傾向反對修例的本地媒體也不斷播出暴徒披血的畫面，而輕輕帶過及甚而不報導暴徒向警方人員投擲可以殺人的磚頭及鐵枝的事實。更令人嘔心的是一眾反對派政黨頭目以至反政府的過氣高官，公然在電視鏡頭前說謊，說沒有看見暴徒掟磚，這種無恥謊言，超越了任何有良知的人的底線。

這種無恥謊言，目的是惡意鼓動更多羣眾針對警方、針對政府。

一羣曾在 2012 年反國教運動中領頭，有政黨背景的學生家長，其中一個帶頭家長當年在電視鏡頭面前，表示沒有看完國教教案便出來領導反對的家長，在 6 月 12 日的暴力衝突後，以「香港媽媽」為名，販賣廉價的矯情，說甚麼淚求警察不要打小孩。這種別有用心的氾濫矯情，掩蓋了警方以武力對付的是一班首先發難攻擊警察的暴徒，而不是他們口中的和平示威學生、無知小孩的鐵一般事實。這種為反政府反警方而無所不用其極的扭曲事實、以販賣廉價矯情，欺騙羣眾的手段實在令人不齒。

　　而可惜的是，很多香港市民便是喜歡選擇接受這種謊言推動的氾濫矯情。

　　而更令人特別是沉默大多數支持特區政府施政的人失望的是：特區政府就面對無恥的謊言和邪惡的暴力的不濟。

　　在邪惡的暴力面前，特區政府跪低。警務處長在律政署仍未研究證據及決定該以甚麼罪名檢控施暴者前，已說未必一定會以暴動罪起訴 6 月 12 日的施暴者。作為眾多被暴徒施襲含冤被屈的警務人員的最高領導人，竟然在邪惡勢力聲大夾惡下跪低了。

　　事實上，掘地磚是刑事毀壞，拆掉及管有圍欄鐵枝是藏有攻擊性武器，都是可坐牢的嚴重罪行，更別說以這些地磚及鐵枝攻擊警察，傷人以至意圖謀殺這些更嚴重罪行。

　　一眾反對派政客怎可以將這些人美化為英雄？特區政府怎可以在這些人的暴力面前屈服？

　　在反對派激烈反對修訂逃犯條例的同時，個別戀殖的過氣與現任政客和戀殖過氣高官，跑到歐美游說，引來美國一些國會議員提出修訂美國《香港政策法》提案，說若香港通過修訂《逃犯

條例》，美國便可能對相關政府官員及決策者制裁，禁止他們進入美國，甚而凍結他們在美國的資產。

個別行政會議成員，怕到不了美國探望子女，怕他在美國的資產被凍結，而紛紛勸說特首停止修例，向謊言及暴力屈服。反對派為反共反特區政府而反對一次正當的修例，當權者為經濟利益而在謊言與暴力和恐嚇下跪低，這便是香港特區的悲哀。

香港已死在於在香港這麼多人甘願接受謊言、顛倒黑白而是非不分。

香港已死在於特區政府及主導政府決策的利益持份者，在邪惡的暴力與無恥的謊言面前和外國勢力干預恐嚇下屈服，向謊言和暴力投降。

在政府決定暫緩修例後的示威中，兩個才 20 歲出頭、衣著時髦的年輕少女，拿着一個紙牌，上面寫着 "I DON'T NEED SEX THE GOVERNMENT FXXKS ME EVERYDAY"（我不需要性政府每天在 X 我）。

從衣著可以看出這兩位女士是在豐裕的環境下長大，享受特區政府提供的醫療保障與免費基本教育。無疑他們的上一代及再上代，可能為了他們這一代的豐裕生活而需胼手胝足，甚至可能受過不少苦。但他們這受呵護的一代，有甚麼資格說 THE GOVERNMENT FXXKS ME EVERYDAY？

自 2012 年反國教、2014 年佔中至今，香港特區出現了很多很多這樣反智的年輕人。在佔中「違法達義」的歪理、在反對派逢政府必反的謊言下，造就了這不懂感恩的一代。可惜的是，以 "THE GOVERNMENT FXXKS ME EVERYDAY" 為口號氾濫假

情假意騙人同情的矯情，又吸引了大批的反智支持者。

香港特區喪失了一代年輕人。

特區政府暫緩推動修訂《逃犯條例》，一眾口罩蒙面青年以勝利者姿態，佔據政府總部面前的龍和道堵塞來往車道，警察不敢清場，後來新聞報導堵路者「釋出善意」解封龍和道。這是甚麼世道？有人違法堵塞道路警方不敢處理？而要等這些違法者「釋出善意」才能使路面重開？

猙獰的反政府反警隊勢力包圍警察總部，以鐵鍊把警察總部後門鎖上，不斷以粗口辱罵警員，警員連反應的勇氣也沒有了？誰指令他們要屈這口氣？猙獰的反政府反警隊勢力對執勤警員人肉搜查起底，並對警員及警員家屬進行恐嚇，而政府竟然對此視若無睹，也束手無策。

香港已死。

《逃犯條例》修訂在暴力脅迫下暫緩，立法會主席隨即要將在審議中、反對派政客激烈反對的《國歌條例草案》也擱置了，特區政府也匆匆同意。面對反對派挾持街頭的磚頭暴力激烈反對的，一貫支持政府的建制派政客也腳軟跪地求饒了？沒有反對派批准，特區政府以至立法會甚麼也不能幹了？

反對派甚而已明言下一目標是以同樣的方式反對「大嶼填海計劃」。反《逃犯條例》修訂給予了反對派一個明確的啟示：用謊言與街頭的磚頭暴力構建的暴力街頭政治，可以令這不濟的政府在任何政策上屈服退縮。

更恐怖的是，面對反對派政客夥同暴徒的謊言與暴力，仍有良知的沉默大多數選擇了鑽進「沉默的螺旋」而噤若寒蟬。

香港已死。

（原文發表於 2019 年 7 月 7 日）

篇後記：

　　這篇文章刊出後，完全背棄了支持香港主權回歸中國、承認香港是中國不可分割一部分創黨初衷的民主黨，以這篇文章影響民主黨聲譽為理由，啟動了把我驅逐出民主黨的行動；並且在行動中加入了另外八篇我以前批評激進泛民的文章羅織罪名，但我在革除黨籍聆訊中說這九篇文章中連「民主黨」三個字也沒有出現過。負責聆訊對我啟動革除黨籍的劉慧卿女士竟然說「那我們對號入座」。墮落了的民主黨真的可以說是為其扭曲了信念而無所不用其極。從那時起，香港歷史最悠久的最大政黨，已走上了擁抱港獨，甚而為此擁抱暴力，踏進了從光明走向黑暗的不歸路。

特區政府不容繼續進退失據

因為反對《逃犯條例》修訂而在香港特區引發的社會撕裂和突然而來的巨大反政府浪潮，是香港特區政府自回歸以來面對的最大挑戰。

2019年6月9日及6月12日的大遊行所顯示的是香港正面對全新的局面。以年輕人為首的一股有組織的反特區政府與反中央政府浪潮，正以針對警隊為掩飾，衝着要摧毀特區政府的管治權威而來。面對這一股浪潮，以林鄭月娥為首的特區政府一再退讓：擱置《逃犯條例》修訂、停止《國歌法》條例的審議。但這些退讓沒有使這股反政府浪潮平息。7月1日的大遊行後，部分參與遊行的暴徒甚而搗毀立法會玻璃外牆衝入大樓，在個別反對派立法會議員引領下，在立法會大樓內肆意破壞。

對於這些明顯的暴力破壞行為，反對派政客不單不予譴責，反而處處包庇。外國勢力也開腔，以政府沒有回應民意為理由加入攻擊特區政府。

但那是甚麼樣的民意？那是用磚塊與鐵枝攻擊警察威迫政府、加上媒體以片面事實偏頗報導、誤導與社交媒體不斷的謊言構建的民意。作為有效管治的政府，怎可能在這樣的脅迫、誤導與謊言下回應？

但可惜的是，特區政府應對這股有計劃有組織的反政府浪潮，顯得有點進退失據。不單擱置了《逃犯條例》修訂、停止了審議《國歌法》，更毫無必要地在這股自稱代表「公眾」的反對派的暴力脅迫下，由特首帶領眾多政府官員，向含糊不清的「公眾」再三道歉。這種道歉是在暴力脅迫下的屈服。

林鄭政府以為向「公眾」道歉可以讓事件平息。但就如一些人所說，反政府的人並不會因為政府道歉而罷休。政府不道歉，他們會說政府無悔意；政府道歉了，他們會說政府的道歉沒誠意。反正已嚐到勝利的甜頭，他們哪會罷休？他們只會步步進逼，進而每星期在各區搞事。特區政府能夠退到何時？可以退到哪裏？不斷這樣退下去只會令政府癱瘓。

特區政府今天被弄到癱瘓，是因為作為特首的林鄭月娥錯判形勢。她以為放下身段退讓道歉，對付她及特區政府的反政府勢力便會願意與她及特區政府和解。那完全是一廂情願錯誤的判斷。

特區政府不單錯判了形勢、沒有正確的對策；而在宣傳上更是處於絕對的劣勢。香港主流媒體的不專業與立場嚴重偏頗，已是不爭的事實。就如在 7 月 21 日元朗發生暴力事件後的記者會上，屬於香港政府的香港電台記者利君雅向林鄭月娥不客氣的質問：「昨晚你睡得着嗎？」在特首表示「這個多月都好擔憂……」後，利君雅竟然高聲批評特首說：「你不要這樣啦，講人話吧（即不要說鬼話）！」。這是甚麼記者？一個專業記者怎可以如政客互相攻擊一樣以自己的立場攻擊被訪者？香港記者水平低、不專業、早有預設立場，在這次記者會中表露無遺。而媒體報導傾

向，從記者的取態已清楚不過。

在 7 月 21 日暴徒在中央政府駐香港聯絡辦事處外牆進行破壞後，轉往上環，個別電視新聞網及報章的新聞網一直進行現場直播。

公民黨立法會議員譚文豪在上環上鏡，他身邊的口罩黑衣暴徒正不斷向警察擲磚擲木棍玻璃瓶，他卻向警察呼喊叫警察克制，說示威者正在後退。他沒有請正不斷向警察擲磚擲木棍玻璃瓶的暴徒克制。另一個不知哪裏來的女士當晚用揚聲器在上環向警察喊話了兩個小時，說示威者正在散去，她說人很多，說散去需要時間，哀求警察不要向示威者施暴。

在直播畫面上看到的「示威者」只有幾百人，不少人仍然在擲玻璃瓶子，兩小時也散去不了？她在說甚麼？是不是如香港電台記者利君雅說的正在「講人話」而不是講鬼話？

電視新聞只播這位女士喊話，沒有擲玻璃瓶畫面；只播譚文豪的喊話，不播暴徒擲磚畫面。很多香港人便是被引領只相信譚文豪和這位女士鏡頭前的片面事實，對其他事實好像沒發生過一樣。早已被這種片面宣傳洗腦的年輕人更是只相信他們願意看見或被告知的事實：黑警在打人，示威者無故挨打；他們不會看也不願意看事實的全部。

不論是現任特首或前任特首，均從未遇過如今天這樣可怕的對手。現任特首林鄭月娥以前是公務員，在她駕馭與依賴的公務員系統下，處理日常政務的確是綽綽有餘，但是在新的政治形勢下，她面對的是漸漸清晰顯示的有組織、有計劃、着重文宣同時、也在反對派議會內政客包庇下街頭暴力脅迫的全方位攻擊，

再連同個別戀殖過氣政客與前殖民地高官跑到外國引入外國勢力呼應。

面對這新形勢下的對手，長於處理公務及日常事務的公務員系統已不足以應付；而行政會議裏各有自己利益盤算的議員更不足以依賴。

7月21日一些白衣人在元朗無區別襲擊反修例示威者及其他途人，警方因要應付暴徒在上環的大規模衝擊而不能即時抽調人手處理，引來的不單是泛民主派及反對派的攻擊，連林鄭月娥的副手政務司司長張建宗也向「公眾」道歉加入責怪警方的行列。長年任職公務員在象牙塔中的張建宗昧於政治形勢，在這關鍵時刻作出打擊警隊士氣的舉動，反映出特區政府的完全進退失據。

對特區政府來說，現在其實在作戰，是在與有人包庇及外國勢力支持的暴徒作戰。暴徒早已視這場他們稱為「反送中」的運動為一場「光復」與「革命」的戰爭。在這場戰爭中，特區政府致命的是：政府中沒有專注應對這場戰爭的大腦；而政府的宣傳戰線早已失陷。

面對這些有人包庇、有外國勢力呼應、挾着宣傳絕對優勢、絕不罷休的暴徒，以林鄭月娥為首的特區政府最需要的是（一）建立一個可以信賴快速反應的心戰室，由一班智囊協助制訂作戰策略，對任何突發與非突發狀況作出迅速的反應決策；（二）組織一支可靠及反應敏捷的文宣隊，第一時間全方位及不斷重複反駁敵對勢力的謊言或片面事實，在敵視與處處攻擊政府的媒體包圍下突圍，奪回話語權；（三）對暴徒與包庇暴徒的勢力，應文與武

兩路全面對抗，絕不妥協或姑息，就如 1967 年港英政府對待左派暴動一樣。

殖民地時代末代港督彭定康在 1992 年來港履新時，面對的便是在香港主權回歸前與中方全面對抗的新形勢。事實是：他到港後便立即建立了他自己的心戰室，包括他從英國帶來號稱「大細龜」的從英國政府借調的戴彥霖（Martin Dinham）和從英國保守黨帶來年僅 28 歲的黎偉略（Edward Llewellyn）作為他的私人顧問；加上委任長期已在香港的顧汝德（Leo Goodstadt）領導中央政策組及從殖民地政府調派的賀理（Richard Hoare）為港督私人秘書。

彭定康也是殖民地政府有史以來唯一一位有自己新聞秘書的港督，掌握宣傳及作為他的發言人。彭定康委任的私人新聞秘書是英國人：從殖民地政府資訊統籌專員調任的韓新（Mike Hansen），後來接任的是已服務殖民地政府 20 年的澳洲人麥奇連（Kerry McGlynn）。

英國人戴彥霖、黎偉略、顧汝德、賀理，加上韓新以至後來澳洲人麥奇連，形成了彭定康時代對中方作戰心戰室的決策核心，制訂應對中方的策略。殖民地體制中作為港督最終決策顧問的行政局，對彭定康來說，只是裝飾和形式上的橡皮圖章。彭定康五年任期政府編制中的港督秘書：華人公務員梁寶榮及後來的曾俊華只是坐在港督府的秘書，英國人賀理才是彭定康心戰室的秘書，而華人充斥的新聞處，彭定康更是根本不會信賴。

從末代港督彭定康對中方作戰的佈局，現任特首應當可以從中獲取智慧，作為她面前目前挑戰的參考。

林鄭月娥兩年前就任特首後便解散了中央政策組，改為不倫不類的「政策創新統籌辦事處」。這一直不為人注意的架構既不見有甚麼公開的決策建議，創新也不見蹤影。忽然為人注意的是最近政府在面對的動盪中，「政策創新統籌辦事處」的辦公室內出現員工的標語，加入反對派攻擊警隊；雪球般的連政府新聞處及其他部門的個別員工，也加入了公開批評特區政府的行列。林鄭政府的糟糕內外交困，莫過於此。

　　北京政府史無前例地在 7 月 29 日通過港澳辦的記者會，向公眾發佈了中央政府的看法：（一）近期少數激進分子的暴力活動挑戰香港的法治和社會秩序，嚴重觸碰了「一國兩制」的原則底線，（二）中央政府堅決支持林鄭月娥帶領的特區政府懲治暴力犯罪分子，並向忍辱負重的優秀香港警察致敬，（三）香港繼續亂下去香港社會要為此「埋單」，敦促特區政府與各界推動經濟發展、改善民生、紓解社會怨氣。

　　面對香港特區目前的亂局，中央政府對應對暴力分子的取態是強硬的。近期可以看到的是香港警隊對示威者的暴力行為也轉趨強硬武力回應，而特區政府也轉趨強硬，罕有地對 7 月 28 日上環暴動的 40 多名被捕者第一時間以暴動罪進行檢控。香港政局能否短期內撥亂反正，要看林鄭政府是否能改進決策核心、擺脫軟弱、加強文宣，以擇善固執的堅定態度面對目前凶險嚴峻的形勢。

（原文發表於 2019 年 8 月 18 日）

失敗的政改是香港動亂根源

　　因反對修訂《逃犯條例》而自 2019 年 6 月開始在香港特區引發的這場政治風暴至今已四個月，期間街頭暴力不斷升級，穿黑衣戴口罩蒙面的暴徒由攻擊警署與警察、堵塞機場令機場停止運作、進而大規模的堵塞道路、破壞道路與公共設施，以及在港鐵站內肆意破壞。近期已出現不斷向執勤警隊投擲燃燒彈及以利器攻擊警察的行為，導致警察開槍以實彈還擊。毫無疑問，暴徒的行動已與反對修訂《逃犯條例》無關，是一種純粹的反社會破壞行為，如同中國內地媒體形容一樣，是跡近恐怖分子活動。

　　由反對修訂《逃犯條例》引發示威遊行，演變成一大批和平示威者掩護一小撮暴徒對警察的攻擊，衝擊立法會肆意破壞，進而在各區滋擾市民、毀壞公共及私人設施。對暴徒與支持他們的和平示威者來說，四個月來每星期不斷的街頭暴力背後的理據，已不是反對修訂《逃犯條例》本身，而是特區政府拒絕全部接納反對派提出的「五大訴求」。

　　雖然特區行政長官林鄭月娥已接受了撤回修定《逃犯條例》的訴求，但「五大訴求」當中，包含了特區政府不可能答應的不追究在這場風暴期間涉及暴力犯罪者的犯罪行為和特區政府根本沒有能力答應的重啟政改、推翻中央政府 2014 年決定「8.31 框

架」下的特首普選方案。

　　不少支持政府、擁護中央政府的人，乃至中央政府均認為這次動亂是西方勢力與本地港獨勢力結合的顏色革命，目的是奪取治權，「五大訴求」只是藉口。但對於一些走到街頭支持暴力的學生，很多甚至是中學生來說：「五大訴求」是合理的，政府不接受恰恰便是「制度暴力」的體現，既然和平示威改變不了「制度暴力」，他們便持一種同歸於盡的「攬炒」心態，繼續無止境地在街頭進行暴力破壞。

　　幾個月的瘋狂，幾乎每星期或每隔兩三天便出現在公眾地方的暴力，已使不少市民裹足不外出，內地遊客大幅減少，不少國家亦對香港特區發出旅遊警示，市面一片蕭條，不少店鋪與食肆已開始關門倒閉，令香港經濟進入寒冬。

　　曾經有人說香港是一個韌力強勁、自癒能力很高的社會，不管昨夜發生了甚麼大事，第二天早上還是會照常運行。就如香港每年經歷的颱風，颱風過後，第二天早上整個香港社會總是如常地恢復正常的運作。

　　這次風暴的早期也一樣，無論暴徒怎樣對港鐵站與公共設施進行破壞，第二天市面與公共交通總是維持正常，港鐵總是如常開出，很多市民甚而可能不發現就在不到十小時前公共與港鐵的設施曾遭受到嚴重的破壞。

　　以前人們常說香港的強大，在於有容乃大。香港對外來的強者兼收並蓄造就了香港社會的強大。但維持香港社會的韌力與高效更重要的兩個因素是：（一）香港人的敬業與專業和（二）長期以來培養出大多數香港人一直擁有的良好的常理與常識（Good common sense）。

正是香港人的敬業與專業，能不問因由迅速把破壞了的公共設施修好，無區別地把暴力衝突受傷的傷者治理好，只看事而不看人地把在自己地方發生的事故處理好。也是香港人超棒的常理常識，使大多數人不會被單單是政治觀念上的偏執掩蓋，以平常心看待社會上的種種荒謬事，而不為它們所困擾，繼續自己認為是應該的敬業與專業。

但同一個硬幣總有兩面，現在香港特區面對最大的危機，並不是不肯罷休的暴徒不斷對香港基建的破壞和對香港市民的滋擾，而是這次動亂帶來的是非不分引導到相當一部分的香港人喪失常理、忘記專業。

雖然持續了超過 100 天的動亂參與者均一直強調沒有大台，但從他們的行動不難看出，動亂的每一項行動都是有計劃、有組織、有默契的。明顯的是他們策劃的暴力搗亂行動有一個很強的報復性。某一間連鎖餅店與食肆老闆曾公開譴責暴徒的暴力行為，他們便不斷報復滋擾破壞這連鎖餅店與食肆；哪一間商場讓警察進入商場拘捕在內搞事的示威者，他們便攻擊那間商場，在商場裏搞事破壞；港鐵讓警察進入港鐵站拘捕搞事者、因應警察要求封閉港鐵站，他們便報復攻擊港鐵站，在站內肆意破壞。

面對動亂與肆意破壞公物這種非理性的行為，遺憾的是一些機構以至一些人，或因自保或因個人政治取向而喪失了常理，以至忘掉了專業。

從簡單的個別商場管理公司，以至港鐵公司因為恐懼暴徒報復而拒絕讓警方進入商場及港鐵站、或質疑警方進入商場及港鐵

站處理懷疑刑事罪行的權力，是根本上非理性及有違專業的管理態度。進而公務員公然違反公務員本分，在工作地方張貼反政府標語；醫院的醫生與醫務人員在工作時間工作地方穿制服示威，作針對政府及針對警隊的政治表態；大律師公會高調從政治立場出發、埋沒必須展示各方證據與理據的法治精神、極度不公地一面倒抨擊警隊；高等法院法官不公開具名就這次政治風暴作政治表態，都是公然違反專業的可恥行為。

　　這些理應是高度專業的人，因政治立場而喪失常理、埋沒及喪失了必須秉持的高度專業精神。試問，公務員公然作政治表態反政府，政府和持不同政見的市民還能信任公務員嗎？醫院的醫生與醫護人員在醫院公然作政治表態針對警察，警察及警察親屬還敢到醫院就醫嗎？大律師與法官作政治表態，與他們持相反意見的人還會信任他們是公正和會維護公正與不偏不倚的法治嗎？

香港就像卡繆筆下的瘟疫

　　有人說香港在過去的四個月，就如法國存在主義作家卡繆（Albert Camus）筆下的小說《瘟疫》（*The Plague*）所描述的情景 —— 荒謬與無意識的暴力不斷地上演，對暴力的美化和毫無道理的包容暴力如瘟疫般在社會中蔓延，政府無力處理，一般的市民只能坐困愁城無奈地旁觀。香港特區的絕大多數人並不贊同暴力；但令人不解的是，在香港地區各種民調均顯示有不少人對近四個月來這種毫無意識的暴力破壞行為，持一種曖昧的態度，也就是很多人說的「我不贊同，但我理解」的莫名其妙荒謬立場。

一些混帳學者及評論人為包庇暴力，把這種無理的破壞說成是只是破壞物，而不是傷害人，因此並不相干。有資深時事評論人甚而把暴徒的破壞公共與私人設施說成是有助就業與促進經濟活動。為了包庇暴徒的暴行，一些被認為是有知識有理性的學者與時事評論員竟然可以混帳如此。這些混帳的解說只是因政治傾向而導致的主觀歪理，完全沒有一點可以接受的常理與邏輯，更遑論專業。

說對暴力理解的人所持的理由是甚麼？最常聽到的是因為林鄭政府不答應「五大訴求」。反對派說的「五大訴求，缺一不可」而政府沒有可能接受全部訴求，變成了暴徒不停止這種野貓式的擾亂與破壞的藉口。對於這種在一段長時間內將不會停止的擾亂與破壞，不同的人提出不同的理由解讀，包括把事件因由推至深層次的社會矛盾。

事實上，如果要為香港社會目前不能平息的躁動，找一個理性而合乎邏輯的道理來解說，相信只有一個。這道理已隱含在反對派的另外兩個口號「制度暴力」和「沒有暴徒，只有暴政」中——整個反修例運動中他們要爭奪的是管治上的話語權。這道理也解釋了為甚麼那麼多的人說對暴力理解——很多本來理性與和平的反對者開始喪失耐性與理性，以理解甚而包庇暴徒的街頭暴力，來宣洩他們對目前政治制度特別是普選安排的不滿。

在當代，公平民主參與已成為社會共識，而社會上有一個相當大的群體，認為他們長期在選舉投票中獲得五成半到六成普選選票的支持，卻因為選舉制度而不能成為執政黨或在政府管治中獲得符合比例的話語權時，他們認為這是「制度暴力」。因此而

帶來的不滿與躁動，從而誘發出的社會動盪與激發出的暴力是不會平息的。不把大多數的理性和平反對者與一小撮暴徒切割，暴亂不會停息。

制止暴力的關鍵是讓本是理性與和平的反對者不再理解暴力、不再包庇暴力和與暴力割蓆，不再「攬炒」。

無論目前的暴力是如何的荒謬，但若從宏觀的政治角度看這一場風暴，2014 年的「佔中」因普選特首的政改而起，以失敗告終。「佔中」失敗至今，香港社會因為政治制度帶來的爭議基本上沒有平靜過。合乎常理與邏輯的解讀是：讓香港社會回歸正常必然有賴於成功處理五年前失敗的政改，讓要求合乎比例管治話語權但失掉了耐性與理性的人回歸理性。不論特區政府也好、中央政府也好，這已是不能迴避的問題。若不就雙普選問題開始與各方對話，一起認真及合理地尋求可以接受的處理方式，把問題無限期的拖延下去，激發出的將是更多對政治前景失望與絕望的人加入「攬炒」，在言論與行動上喪失理性、喪失常理與專業，把香港推向更深的深淵。

(原文發表於 2019 年 10 月 20 日)

篇後記：

因為香港地區作為中央政府根據《憲法》授權高度自治的特別行政區的特殊地位，北京政府對一人一票普選在香港這特殊憲政框架下的作用與操作方式，與香港那些沒有國家觀念、無條件擁抱西方一人一票普選民主的泛民反對派不

同。泛民反對派一直忽視的是：2015 年的有篩選特首候選
人是否愛國者、是否認同中華人民共和國對香港特區有絕對
主權及效忠中國成分的「8.31 方案」，已是中央政府對香港
泛民反對派一人一票選特首訴求的最大善意讓步。泛民反對
派貪勝不知輸，拒絕接受「8.31 方案」，使 2015 年政改以失
敗告終。公民黨黨魁楊岳橋後來更口出狂言，信誓旦旦一旦
泛民反對派若取得立法會過半議席，便無差別否決所有政府
議案法案，癱瘓特區政府，令特首根據《基本法》規定辭職，
與中央政府對着幹，這無疑是預告會發動一場奪取政權的政
變。如此愚蠢行為引來中央政府為香港訂立《完善選舉制度
條例》，撥亂反正，讓身居香港特區所有對西方一人一票有
幻想的人回歸現實、回歸理性，重新認識香港特區在中國主
權下的特殊憲政地位與有限度的主權。同時，《完善選舉制
度條例》也不單切斷了對西方有幻想、戀殖、反共與同情港
獨傾向的人參選特首的路，更排除了這些對西方有幻想、戀
殖、反共與同情港獨傾向的人在各級議會參與的任何機會。

理性與瘋狂的對決

反對修訂《逃犯條例》引發的暴亂，自 2019 年 6 月初開始，至今已持續了五個月。超過了一般人的預期，也相信是自香港殖民地時代 1967 年暴動以來持續時間最長的一次動亂。

這次暴亂的起因源於社會上為數不少的人反對特區政府提出修訂《逃犯條例》，形成一股反修例的社會運動。但自從 7 月 1 日部分夾雜在反修例示威者的暴徒衝擊並肆意破壞立法會大樓，繼而攻擊中央政府駐香港聯絡辦事處，政府被迫撤回《逃犯條例》修訂後，這場運動的性質已完全改變。這場運動已不再是反對修訂《逃犯條例》，而是反對派政客與暴動分子以「不割蓆、不篤灰」（篤灰即告密）捆綁在一起，以暴力脅迫政府答應由反對派政客與暴徒提出與反修訂《逃犯條例》不再有關係的政治要求。

不容否定，反對派政客與暴動分子提出缺一不可的「五大訴求」中，如要求對這次反修例事件進行獨立調查和當初要求特首下台，政治上有其正當性；但要求特區政府不依法追究暴力分子參與暴動與在各區肆意破壞的刑事罪行，根本是任何政府也沒有可能接受的要求。

「五大訴求、缺一不可」加上反對派政客甘願被小撮暴徒捆綁，包庇縱容暴力；媒體嚴重傾斜同情暴徒，單方報導警方反暴

的力度而不全力暴露暴徒的罪行，成了暴亂不能止息的原因。

反對修訂《逃犯條例》在「五大訴求、缺一不可」的口號下不再佔有位置，因而對發動這次反修例運動的人來說，運動的目標已變得模糊。然而即使如此，每星期無止境無意識的破壞與暴力在社會上仍然得到不少人的支持，當中包括不少高級知識分子與專業人士、教會的牧者與信眾。一些原應是理性、專業與和平的香港人對暴力接受的程度竟然是如此的高，是最令人費解的。

暴徒與反對派政客幾個月來不斷在吸引着香港和外地媒體的注意；但較不為人留意的是，與此同時，沉默而熱愛香港的大多數香港市民，對於這幾個月來瘋狂暴力與喪屍般支持暴力的社會現象，也開始出現了強烈的不滿與厭惡。

從社會層面來說，目前香港特區的亂象已超越了簡單的政治訴求不獲滿足，也不再是甚麼反修例、「反送中」等當初提出的訴求。由反對修訂《逃犯條例》引發的一連串暴力與包庇同情暴力「攬炒」（玉石俱焚）破壞香港，相對於熱愛香港沉默的大多數人對暴力與破壞的厭惡，使香港社會的撕裂由政見上的「藍」與「黃」的不同，轉而進入了一個破壞香港與熱愛香港、暴力與反暴力的嶄新階段。

香港當下熱愛香港與破壞香港、反暴力與支持包容暴力的對抗，折射出的是理性與瘋狂的對決。

暴徒每星期在香港各區進行的暴力破壞已超越了常理，甚而不是對社會現狀不滿的發洩。警方在暴動現場拘捕的人當中除了大學生，亦有不少的中學生。在社交媒體中，除了一些常見的反政府政客外，亦出現了一些如背誦課文一樣的中學生，在侃侃而

談反對「黑警」暴力，宣揚「五大訴求、缺一不可」。當中被訪問出現的甚而是一位只有 11 歲的學生，使人聯想究竟這位 11 歲的學生對「民主」的認識有多少？對「五大訴求」知道多少？對甚麼是「黑警」，多少是真、多少是假、多少是傳聞道聽途說，他又知道多少？一位家長帶着一個只有幾歲的小朋友遊行，讓這個小朋友帶領羣眾高呼「五大訴求、缺一不可」；這個幾歲的小朋友連「五大訴求、缺一不可」這八個字也不懂怎樣寫時，若不是在被洗腦灌輸，還可以是甚麼？

香港特區的主流媒體一面倒側重重點報導反對派政客與發動暴亂者的觀點，對政府及支持政府一方的觀點只輕輕帶過，因而很多反駁反對派政客與暴徒荒謬觀點的資訊只能在網上流傳。其中網上流傳一個外國記者訪問一位應該是大學生的蒙面青年，記者問這位蒙面青年知不知道他追求的民主是甚麼？他答不上。記者問他知不知道第二次世界大戰時德國的希特勒也是民主選舉選出來的，他默然不語。被再追問下，他答他不知道。甚至他極可能連希特勒是哪一位也不知道。然而很多這些不學無術、甚麼是民主也不知道的年輕人，便是蒙面走在街上高呼崇高遠大民主理想的人，反對派政客慫恿縱容出來的便是這些人。

當謊言變成了信仰

在這次運動中，令人留意的是不少教會及教會的牧者與傳道人扮演了吃重的角色。在每一區的暴動中，都有一些地區教會、很多是小教會的崇拜地點成了暴徒的休息地點，一些參與這些小

教會的信眾表示，不少傳道人對於幾個月來的暴動均說暴徒破壞公共與私人設施的只是少數，他們說有百分之八十的破壞是「黑警」冒充示威者幹的。當然有很多信眾對此說法置疑，但更多年輕信眾對此種說法卻是深信不疑。信與不信「黑警」冒充示威者搞破壞嫁禍示威者，造成了很多教會中教友間的撕裂。但不管教友如何撕裂，對於很多相信「黑警」嫁禍反修例示威者的人來說，他們開眼閉眼高呼「五大訴求、缺一不可」就如在教堂祈禱說「阿門」一樣流暢。

在 2019 年獲得熱烈關注的一本書《二十一世紀的二十一堂課》（*21 Lessons for the 21st Century*）作者哈拉瑞（Yuvsl Noah Harari）在他的書中說：「如果只有 1 000 個人，相信某個編造的故事，相信一個月，這是假新聞。但如果是十億人，相信某個編造的故事，相信了 1 000 年，這就成了宗教信仰，而且警告所有其他人，不准說這是假新聞，否則就是傷害了信徒的感情。」

在香港，對那些選擇相信「黑警」嫁禍善良示威者的教友來說，謊言不用說 1 000 年，只需連續說 100 天，已成了信仰。而且他們不容許別人質疑他們這最新獲得的信仰。

「黑警」幹了大量破壞嫁禍黑衣蒙面人暴徒之說，對於稍有一點理性與常理的人而言，肯定是無稽之談。壞人是講報酬的，如果香港警察真的如暴徒說的是十惡不赦的「黑警」壞人，政府可以為壞人幹的黑勾當給予甚麼報酬？壞人會為政府賣命而甘願冒充暴徒承擔被發現會被暴徒圍毆的風險嗎？他們會甘願冒充暴徒而冒着被發現被革職的風險嗎？稍有一點常理的人都不會相信這種「黑警」搞破壞嫁禍暴徒的一派胡言，然而這卻實實在在是

一大批被灌輸了這種信息的人如宗教信仰般堅定地相信的瘋狂想法。

從 6 月到現在，對香港市民來說，香港慢慢步入了黑暗歲月，很多市民晚上與週末除了必要外已裹足不出戶。從破壞公共設施到瘋狂到處擲汽油彈，甚至出現了暴徒用美工刀向警員頸部施襲意圖殺警。暴徒的行為正進入瘋狂。深信警察施暴嫁禍暴徒的想法也是近乎瘋狂的。

香港面對的便是這種瘋狂與理性的對決。

反對派政客對暴力噤聲

然而一眾反對派政客對於這些如此嚴重的瘋狂暴力，仍然噤若寒蟬，不譴責，也不與施暴者割蓆；仍然糾纏在 7 月 21 日反修例運動早期，一宗元朗港鐵站反對黑衣人的白衣人攻擊反對派政客與追隨者的單一事件。對這幾個月來黑衣人亂擲汽油彈、肆意破壞公共設施、以致命武器攻擊執行任務的警察、針對發聲反對暴力的商戶店鋪進行報復性攻擊與破壞的罄竹難書暴行，卻隻字不提。

這些反對派政客在想甚麼？在威脅每一位香港市民人身安全的暴力面前噤聲，甚而包庇暴力，他們還有沒有資格當民意代表？

也許內心深處，他們深知：面對這羣與野狼無異的瘋狂暴徒，他們若是公然割蓆，這羣野狼對他們的攻擊會比對「黑警」的攻擊更為兇狠和瘋狂。因而反對派政客別無選擇，只能繼續陪

伴暴徒們瘋狂下去。

面對這瘋狂與理性的對決，香港需要的不單是沉默理性的大多數人維持理性與沉着，更需要的是頭腦清晰的強力的領導。

香港特區需要的是一個理性與權威的強勢政府。毫無疑問，目前的特區政府並不能達到這要求。雖然特區政府是 10 月初依據《緊急情況規例條例》授權由行政長官頒佈了《制止蒙面規例》，但由於警力不足所限，並不能有效執行反蒙面規例。由行政長官到政府各官員的表現，仍然改不了在暴力面前表現軟弱的態度。

也許，特區政府決策者對於與目前大多數的反政府勢力與他們的支持者仍然抱有一種希望能「大和解」的良好意願。可是，毫無政治敏銳察覺的特區政府決策者忽視了的是，眾多反對政府的人對於他們提出的要求就如宗教信仰一樣的堅定，一點也不會退讓與妥協。政治離不開了妥協，面對一羣對他們要求如宗教信仰一樣半點不能妥協的人，作為講理性與法治的特區政府，除非放棄理性與法治原則，否則怎樣可以與如宗教信仰般信奉瘋狂暴力的人妥協？

任何推進社會和解的努力，只能在目前的瘋狂暴力完全停止後才能展開；否則變成了在瘋狂暴力脅迫下的和解，那是理性沉默的大多數香港市民所不能接受的。

目前在香港社會進行的便是理性與瘋狂的最終對決，越來越多理性沉默熱愛香港的大多數香港市民，正在冷漠的黑暗長夜中發熱發光，等待理性戰勝瘋狂的晨曦。

（原文發表於 2019 年 11 月 17 日）

區議會選舉的民意與民智

剛過去的香港特區區議會選舉，在香港街頭暴力進入高潮、反政府情緒高漲的社會背景下進行。一如所料，建制派在選舉中落敗。但令人有一點出乎意料之外的是建制派在這次選舉中，幾乎是全軍覆沒的慘敗。

這次全部 452 議席均有候選人參與角逐、沒有任何議席自動當選的激烈競爭中，投票率創了高達 71.2% 的歷史新高，共有 294 萬人投票。在歷史新高的投票率下，泛民主派反對派候選人共獲得 167 萬票，佔全部選票的 57%；建制派的候選人共獲得 123 萬票，佔全部選票的 42%。其實這次高投票率的選舉中，建制與泛民得票同步增加，所以選舉結果顯示雙方的總得票率維持了一直以來泛民與建制普選中的六比四比例得票率。但在單議席單票制勝者全取的區議會選舉中，泛民反對派大勝奪取了 388 席，建制陣營只能在 452 議席中奪取 59 席，亦即只有全部議席的不足 15%。全港 18 個區議會中，反對派奪取了 17 個區的大多數控制權。這樣的結果，對建制派來說無疑是一次慘敗。

區議會選舉反對派大勝，在 2020 年的立法會選舉中，重奪大多數地區直選議席已無懸念。區議會選舉的勝利，也可以讓反對派奪取 2022 年特首選舉中 1 200 人選舉委員會裏屬於區議會

的全數 117 個選委議席，為 2022 年特首選舉的最終結果增加了不確定性。可以肯定的是，北京對 2022 年特首選舉更難掌控。

階級、世代和制度矛盾

這次區選中，增加了新登記選民 38 萬，其中大多數是 35 歲以下的年輕選民。人們相信推高了的投票率，其中不少是這些年輕的「首投族」，泛民反對派政團也主攻這一族羣。實質上，選舉進行時，便有泛民候選人高聲疾呼這次選舉是年輕選民與年老選民的對決，而呼籲更多年輕選民投票。而現實來說，泛民代表的主要恰恰也是年輕人和基層市民。相對來說，建制與親政府一方更接近長者和經濟相對富裕的階層。而選舉隱隱突顯也正是目前存在於香港社會的階級矛盾與世代矛盾。

區議會並非一個立法機構，而只是地區性諮詢和不涉及重要政府財政資源調配的地方事務決策組織。因此它的重要性，不在於立法與制訂政策權力或涉及調配資源的決定權，而在於它是一個有廣泛基層民意基礎的組織。區議會選舉無疑也是民意走向的指針。

反對派在區議會全面取勝，可預見的 2020 年立法會選舉中也將重奪地方選舉議席大多數。假若香港是一個獨立國家，可以單單通過選舉自行決定管治權誰屬，反對派目前通過選舉所獲得的選票，足以讓他們有組織執政聯盟的權利。但香港是中國的一個特別行政區，在當前香港特區的中央授權高度自治特殊政制安排下，特首對香港特區的管治權權力來源自中央任命與授權，中

央政府在過去已多次強調中央對特首的任命是實質的任命，不能單憑選票決定香港管治權。從而使選舉不單解決不了階級與世代矛盾，也永遠解決不了究竟選舉在香港模式的高度自治中應起着甚麼作用的爭拗。爭拗的一方是認為可以通過選票奪取香港管治權，另一方是接受中央對香港特區管治有最終決定權。這是至今仍未有解決方案的矛盾，也是無止境爭拗的源頭。

不論原因為何，這次區議會選舉結果同時顯示的，是對由親政府的商界與社會上層專業精英主導、未能貼近民意的特區政府管治的不滿的大爆發。人們可以看到的是，在區議會選舉中用選票表達對政治現狀不滿的龐大羣體中，有相當一部分人有着強烈的非理性分離主義與港獨傾向。

隨着這次區議會選舉塵埃落定，地方以至階級和世代政治勢力分佈的政治版圖完全改變，特首也必須認真考慮在牢牢掌握中央授權高度自治原則不變的情況下，吸納對政府疏離、對政治現狀極度不滿、以年輕人為主的新興政治勢力中的健康力量，進入以特首為首行政主導的特區政府決策層，讓更多理性反對派的代表加入特區政府決策核心。只有這樣才可以期望在目前並不能令人滿意的政制安排下，有機會稍為緩和目前香港的階級與世代矛盾，以及因此引致的社會對立和撕裂。樂觀地看，特首若能把社會上這一股對現狀日益不滿與疏離的力量，納入特區管治的決策架構中，相信有利於阻止這股力量進一步向分離主義與港獨傾斜。

區議會選舉投票前，曾經有反對派政團及個別泛民政黨的領導人嘗試將這次區選作為一次民意的公投。但由於選前泛民反對

派支持的勇武派幾個月來持續不斷的駭人暴力，泛民反對派的各方勢力不知道市民對這些暴力的反應會如何在區議會選舉中表達，因此對於以區選為公投的建議並沒有在反對派中獲得廣泛的支持而作罷。

在這次支持政府支持香港警隊與反對政府和反對警隊、立場鮮明對立的區議會選舉中，泛民反對派大勝，建制派大敗，折射出的便是一次香港民意的檢視。雖然建制派敗選後，一些失望的建制支持者沮喪地認為在香港沒有腦或被洗腦愚蠢的人佔了大多數，以至理性的聲音被埋沒，支持和平與愛香港的人遭到慘敗；但是無論敗選一方和他們的支持者怎樣去為敗選尋求理由，民主選舉便是這樣，輸了便是輸了，便得接受選民的決定，不要因為輸了而不服氣，這是民主選舉的真諦。民主選舉下，永遠有在下一次選舉中贏回的機會。選民有可能在特定的時空中被蒙騙，但在民主制度下，這也是任何時代每一個選民都必須接受的結果。

對沒有被勝利衝昏了頭腦、沒有因失敗而胡亂埋怨、始終秉持理性與良知的人來說，這次選舉卻是令人心情沉重的。

香港泛民反對派在過去每一次選舉中，都喜歡操作針對中國內地與特區政府的社會與政治議題，以動員反建制反政府的支持者，這沒甚麼大不了，香港特區的選民也已習以為常。但這次選舉令人心情沉重的是，泛民反對派半年來不間斷地包庇支持暴力與伴隨暴力而來的謊言，來鼓動與維持反建制反政府羣眾運動的動力，以達到他們希望在選舉得到的效果。

民主與民粹的一線之差

對於仍秉持理性與良知的人來說，心情沉重不在於泛民反對派的大勝或建制派的大敗，而在於突然發現那麼多善良的香港市民，竟然是如此毫不猶豫地接受這種謊言與暴力，把聽到的謊言與接受的暴力轉化為選票。也許這便是民主與民粹的一線之差，那是民主選舉永遠的痛。

令人心情沉重的是，究竟投給泛民反對派的 57% 的選票支持的是甚麼？是不是支持暴徒一直持續不斷的暴力破壞？是不是支持以「五大訴求，缺一不可」為藉口，用暴力迫使政府不追究這五個多月來暴徒的暴行？是不是支持五個多月來暴徒為了鼓動更多年輕人仇恨上街而不斷聲稱「政權殺人」、聲稱「黑警輪姦女示威者」、一直聲稱但從來沒有死者出現的「8 月 31 日太子站死了示威者」、不斷聲稱「死了幾百個義士」的一個又一個謊言？

如果單純是因反特區政府反北京政府的情緒而投下了這 57% 選票，可以理解，也沒有甚麼大不了。若 57% 選票代表了無保留地支持泛民反對派包庇暴力與謊言，那焦點是民智、不是民意。假若伸張了民意卻喪失了民智，那香港將後患無窮。

11 月初區選前夕，黑衣暴徒在中文大學校園大肆破壞後，留下 3 900 顆燃燒彈逃離中大轉往佔領理工大學，被警方包圍。1 000 多名暴徒及為數不少的中學生在被包圍後，或是逃走失敗被捕、或自願走出被捕、或是在社會人士勸說下被警方保留拘捕權利後離開。警方在幾乎所有佔領理大的人都離開後高調進入理大校園蒐證，全程由媒體直播，個別早已持支持暴徒立場的媒

體，不客觀地指稱警方此舉是為改善公信力；而城市大學社會科學系高級講師黎定基，更指警方的安排是「洗底」和「意圖合理化警方早前的圍堵行動」。

這些媒體、這位城市大學的學者在想說甚麼？是不是想說警方圍堵在理大內製造汽油彈、圍捕向警察擲汽油彈的暴徒的行動不合理？是不是想說暴徒佔據大學製造汽油彈、隨意擲汽油彈是合理的行動？而警方圍堵暴徒的行動是不合理的？是不是想說警方進入理大校園蒐證搜出 3 800 顆汽油彈是「洗底」的不合理行動？這半年來，香港便是充滿着一些道德墮落媒體、一些出位學棍信口開河，不斷矮化廣大市民民智的歪理。

區選剛剛結束，已有泛民的勝選者挾着選舉勝利的餘威到理大聲援仍被警察圍困的暴徒，要求警方讓他們沒有條件地離開。法律不因選舉結果而歪曲，選舉的勝利並不能免除暴徒的暴行。假若這次泛民反對派區選勝利代表的是一些墮落媒體、一些政棍議員、學棍大學講師、狀棍律師大律師可以更沒有底線地為暴徒和暴力搖旗吶喊，而讓特區政府接受不對暴徒追究刑責的訴求，那香港特區真的走進了民智倒退的暴民政治絕望年代。

（原文發表於 2019 年 12 月 16 日）

被暴力與謊言騎劫了的第四權

於 2012 年至 2013 年在美國熱播的電視劇《新聞直播室》
(*The Newsroom*) 其中一集有這樣的劇情情節：一個女性國會議
員被槍擊危殆送院，各大新聞台爭相報導最新消息。在競爭激烈
爭分奪秒的突發新聞報導中，能奪取先機首先發放最新資訊的，
有助提升新聞台的收視率；落後於人的，收視率便下降。因而每
一個新聞台都爭取獲得最新獨家資訊並且第一時間發放。

這一集的《新聞直播室》中，新聞主播在晚間新聞鏡頭前發
放新聞資訊時，幕後的記者及新聞製作組忙碌地不斷收取最新消
息。新聞台的老闆走進製作室，對新聞製作組的人說，外邊已有
消息指被槍擊的國會議員已去世，為甚麼我們的新聞台還不作報
導。負責新聞製作的執行製作人說這樣重要的資訊必須經證實才
播出，沒有官方證實的消息，也必須經過兩個不同獨立渠道證實
才能報導。新聞台老闆說，其他三大電視台均已報導被槍擊的國
會議員不治，斥責在場製作組的人還在等甚麼。老闆更問另一位
在場負責晨早資訊節目的新聞製作人，是否應該立即報導議員已
去世的消息，這位被老闆點名提問的新聞製作人回答說：「那是
一個人，宣佈她死亡的是醫生，不是新聞報導。」在這個劇情虛
構的電視劇裏，一個新聞製作人簡單一句話，說明了新聞媒體從

業員在處理新聞訊息時分辨真偽和決定何時發放時應有的嚴謹。

　　如果用這個虛構的電視劇情節所表達對新聞媒體的嚴謹新聞專業要求，來看香港媒體處理過去七個月來的暴亂新聞，可以看到香港新聞報導處處盡顯新聞媒體從業員，由前線記者到新聞編輯與製作，均遠遠達不到這專業要求。而且新聞報導的用詞與方式鮮明地反映了相關新聞從業員持有的政治立場，因而導致新聞不單不專業，更毫不掩飾地把相關新聞從業員的政治立場滲透在新聞報導中。七個月來立場偏頗的新聞報導往往只傳播單方不全面訊息，變相成了單方政治勢力的政治宣傳。

　　以 2019 年 8 月 31 日發生在太子港鐵站的黑衣人與警方的衝突為例，暴徒的文宣網絡一口咬定太子港鐵站有示威者被警察打死。香港新聞媒體便彷如事實般，依循暴徒宣傳口徑大幅報導暴徒以此為藉口的後續行動，對警方不斷否認有人在太子港鐵站死亡，只是無關痛癢的輕輕帶過。更重要的是沒有一間新聞媒體承擔新聞媒體應有的求證責任，就所謂死人事件向相關醫療機構求證，尋求事實真相。8 月 31 日後幾個月，暴徒再三以拜祭太子站死者為藉口聚眾鬧事，新聞媒體仍然不斷對基於沒有證實的消息而炒作的行動，作大幅報導，變相成了暴徒的宣傳機器。

　　2019 年 12 月 23 日香港警方去信廣播處處長，投訴香港電台在一則新聞報導不負責任地以倒果為因的手法處理資訊，點名批評香港電台報導有關 12 月 22 日愛丁堡廣場集會時的用字與事實不符誤導聽眾，並指有關報導會加深大眾對警隊的誤會。

　　警方在信中引述香港電台報導指大會堂對出旗杆的五星紅旗被人擲在地上，其後數名防暴警察進入廣場，演變為警民衝突，

香港電台的報導指「混亂期間，警察多次使用警棍、胡椒噴霧及舉起過手槍，有在場的人擲水樽等物品還擊，亦有人衝向警察」。

警方在投訴信中指出愛丁堡廣場集會期間有人違法拆下旗桿上的五星紅旗並擲在地上，警方上前將之拾起免受破壞，惟此時有人襲擊警察，並企圖救走在現場襲警被捕的一名男子，現場一片混亂，警察使用最低武力控制場面。警方認為香港電台的新聞報導指在場人士「還擊」，會令聽眾誤會是警方主動使用武力。警方在投訴中強調「若沒有人犯法，沒有人使用暴力，警方絕對沒有必要使用武力」，批評香港電台的報導「會加深大眾對警隊的誤會，實非負責任的做法」。警方希望港台的報導能以事實為基礎，「此亦為一個負責任傳媒應有之義」。

警方對香港電台的批評實在是非常客氣。香港電台的報導沒有報導前因：包括暴徒襲警和企圖搶犯，而只是把事件說成是無緣無故發生的「警民衝突」。事實上，香港新聞媒體以這種只播後段不提前因、倒果為因報導手法抹黑警隊的新聞處理情況，並非第一次出現。在過去七個月的黑衣人暴動中，這種缺乏新聞專業的卑劣手法在很多香港新聞媒體中已屢見不鮮。

原來用以監察政府的第四權（The fourth estate）已被暴力與謊言騎劫，成為街頭暴力搖旗吶喊攻擊政府的重要力量。更為可怕的是過去七個月，眾多香港媒體以這種為街頭暴力搖旗吶喊的語言文字，引導與塑造了很多人的思維。

明顯的例子是，過去七個月每次羣眾集會或集會終結後聚眾掘磚、拆圍欄、向警察扔磚、擲圍欄、丟汽油彈、用鐵通攻擊警察的行為，毫無疑問是暴動，實施這些暴力行為的毫無疑問是暴

徒。但眾多的香港新聞媒體卻把這些人說成是「示威者」和「市民」，把這些暴力行為稱之為「抗爭」。把違法的行為正當化，把暴力美化。很多很多香港年輕人的思維與對暴徒的印象，便是這樣日復一日地被新聞媒體，通過這種玩弄文字與語言把戲扭曲了的新聞事實所塑造。

人們使用的語言文字影響了人們的思想。19 世紀德國存在主義哲學家尼采說：「若我們不再想在語言文字的約束下思考時，我們不再思考」（we cease thinking when we no longer want to think within the constraints of language）。尼采認為語文是思想的基礎，並且決定及影響了思維的觀點，啟發了後來語言與心理學家提出人類使用的語言，決定了思維模式或者兩者互為影響的「語言決定論」（Linguistic Determinism）和「語言相對論」（Linguistic Relativism）。

研究「語言決定論」和「語言相對論」的學者，認同認知謬誤裏的「框架效應」（framing effect），語言與心理學家通過不同的實驗已證明語言中的用詞若不一樣，那即使所說的是同一事實，在不同的語言用詞框架下，人們會依不同的用詞框架被引導朝不同的方向去思考。

在剛過去的聖誕節，香港電台報導聖誕前夕黑衣暴徒四出搞事破壞時，雖然有引述特首林鄭月娥的官方發言指責暴徒的暴力行徑，但香港電台重點詳細報導的是警察在一個商場制伏搞事暴徒，以及過程中警察驅趕一名自稱是香港電台休班記者及指斥這名自稱為記者的人為「黑記」，而遭在場的「市民」指責。

香港電台突出報導在場「市民」指責警察。電台統稱在第一

現場除了被捕者外其他的所有人，包括參與暴力行為的黑衣人都是「市民」，明顯是引導性的報導。事實上，無數的電視新聞畫面都可以看見，出現在暴動第一現場的除了暴徒外，絕少普通市民，最多的便是穿著印有「記者 Press」字眼背心的記者。

以聖誕前夕警察在商場抓捕暴徒為例，香港媒體使用的手法便是通過新聞用詞，為某種負面行為給予正面的評價，如把肆意破壞公共設施與私人財產的暴徒稱為「示威者」，把不論是否參與現場暴動的暴徒或旁觀記者均一致稱為指罵警察的「市民」，配合把在現場的暴徒與在現場路過的市民統稱為「在場」的「市民」，意圖以此淡化，甚而抹去暴徒肆意破壞公共設施及私人財產是嚴重犯罪行為的事實。

又以 12 月 22 日在愛丁堡廣場發生的「警民衝突」為例，香港電台把攻擊警察意圖劫走被捕疑犯的暴徒描述為「在場的人」，引導聽眾向警察首先「多次使用警棍、胡椒噴霧及舉起過手槍」攻擊「在場的人」，引來「在場的人擲水樽等物品還擊」這方向去思考事件，完全抹掉的是所謂「在場的人」中有人首先攻擊警察意圖劫犯，才是香港電台報導無緣無故發生的「警民衝突」的起因的事實。

這是明顯有目的的引導性報導。這種高度傾向性資訊傳播在反修例事件引發暴亂後，便不斷地出現在香港很多媒體的新聞報導中，同時也不斷出現在不同的電台及電視台的節目中。這種經過編輯以片面與扭曲事實的方式報導新聞與傳播資訊，不是新聞報導，而是美化暴力的宣傳片，實在與謊言無異。

在享有新聞與言論自由的社會，傳媒掌握監察政府、揭露濫

權和不公義的第四權，是行政、立法、司法三權之外的重要政治權力。第四權也包含傳媒負有客觀報導全面事實、讓公眾認知事實真相的基本責任。很遺憾的是在香港，反修例引發暴力動亂發展至今，市民看到的是第四權已被暴力與謊言騎劫、喪失中立，成為為反對政府與警隊的政治勢力搖旗吶喊、有目的地攻擊政府與警隊的私器；香港的悲哀是很多香港新聞媒體已完全放棄了客觀報導事實、讓公眾認知事實真相的責任，個別甚而淪落為反政府勢力的文字打手，玩弄文字扭曲事實、顛倒是非矇騙廣大香港市民。

（原文發表於 2020 年 1 月 13 日）

只有 KOL 沒有公知的年代

被認為是知華派的美國學者沈大偉（David Shambaugh）在 2008 年他的一本名為《中國共產黨：衰退與適應》（*China's Communist Party: Atrophy and Adaptation*）的書中，樂觀地指出雖然普遍的共識是中國共產黨作為執政黨正經歷衰退，逐步喪失對中國社會的控制，但他的觀察是中國共產黨吸取了前蘇聯及東歐共產政權崩潰的教訓，在對中國社會控制持續萎縮的同時，表現出極強的適應能力，在重要領域進行改革，應對全球化帶來對中國共產黨絕對權力的侵蝕，推行歷史上從來沒有出現過的政治實驗，通過這些實驗成功地奪回共產政權的合法性及絕大多數中國人對中國共產黨統治的支持。沈大偉的對華觀點是共產黨對中國的統治，在持續的衰退中通過適應可以、而且一定會生存下去。

但很奇怪，也令一眾知華派學者與研究中國問題的智庫大吃一驚的是，在 2015 年 3 月美國大選初選正在進行時，沈大偉突然在《華爾街日報》發表了一篇文章，名為〈中國即將來臨的崩潰〉（The Coming Chinese Crackup），說中國共產黨在中國統治已開始步入殘局，悲觀地指出中共對中國的統治即將步向終結；並且說這過程中國將非常不穩定，而中共統治的終結將不會是平靜地過去的終結，而更可能是漫長混亂和暴力下的終結。沈大偉突

然由一位對中共統治前景樂觀的知華派學者，變為預言中共將倒台的悲觀仇中學者。

上海復旦大學研究院院長張維為，在一次與美國前國務卿基辛格博士的會面中，向基辛格提及沈大偉對華態度的突然改變。據張維為的說法，基辛格作為一位中國問題專家同時也是資深政客，第一個反應是：「噢，他想當國務卿。」

2015 年的美國，民主共和兩黨都為 2016 年的總統大選展開初選。即如近年的每一次美國大選一樣，兩黨角逐參選者的主調都是針對中國。學者出身轉為成功政客的基辛格，一語道破了沈大偉突然對中國態度改變的原因。

其實，由學者通過政治任命進入政界，甚而成為政治領袖這種「旋轉門」（Revolving door），是美國政治的一個特徵，使學者與個別領域的專才容易被吸納入政府架構。但這樣的制度，同時也會使一些學者為了爭取進入政圈而刻意迎合當政者的喜惡，扭曲自己在專長領域的學術研究或觀點。

像沈大偉這樣專注在某一學術專業領域而且對公眾有影響力的公共知識分子（公知），在過去一直以來重要的功能是以較為超然的地位，在不同的領域中以其視野、學術研究成果或專業專長、以至哲學觀點，向公眾及執政者誠實地表達其學術與專業觀點與視野。這些表達並不是為了個人的利益或升官晉爵，或者只為社會上某一階層的利益服務；公知對社會的價值，在於公知對涉及公眾利益重大議題不涉個人或羣體利益的理性研判，並向公眾及當權者進言。

可惜的是踏入 21 世紀，公共知識分子作為位處社會大眾與

當權者之間的孤獨亮照明燈的功能已逐步消失。基辛格一語道破的，只是公知為迎合政治領袖進入官場而修改學術觀點的很多例子之一。

官場以外，隨着社交媒體的普及、資訊爆炸及迅速流通，社會上任何議題和不同觀點爭相競逐受眾，在能獲取多少點讚或支持成為衡量觀點是否正確的標準的環境下，很多時候只能曲高和寡向公眾進言的公知，早已被充斥氾濫在各媒體的意見領袖（KOL, Key Opinion Leader）所取代。在民粹氾濫的年代，大多數人尋找的不再是令他們清醒思考的不同意見，人們渴望靠攏的只是相互取暖的同溫層。為迎合渴望靠攏取暖的同溫羣體的不同KOL，亦由此應運而生。

2019年6月香港特區開始反對修訂《逃犯條例》引發大規模暴亂後不久，8月，超過100名不同背景人士，包括大學講師、中學校長教師、大學博士生研究生、宗教界人士、文化界人士、專欄作家、社工、社企負責人、網台主持及政客，合稱為「一羣跨政治光譜的公共知識分子」，發表了一份聯署聲明，向以林鄭月娥為首的特區政府提出六大訴求。這100名公知的六大訴求，與發起反修例者當時提出不斷改變內容的五大訴求，其中三項不約而同的極為接近，特別是要求林鄭政府特赦涉及參與違法暴力行為的涉案者。

自修例風波引發香港社會撕裂、政治立場凌駕一切後，香港已鮮見公知以自身的學術研究與專業知識，客觀地向政府及公眾進言，立場先行的KOL已羣起取而代之，就如這100位跨政治光譜人士以公知為名、KOL為實作出立場宣示。在民粹氾濫

大潮下，政府往往對有大量點讚支持者的 KOL 的譁眾取寵歪理比曲高和寡公知的真知灼見更為重視，不甘寂寞的公知便都往 KOL 的圈子擠去。

不久前新的法律年度開啟典禮，大律師公會主席戴啟思便在他的演說中基於他自身的政治立場作政治宣示，就反修例暴動的涉案者，要求律政司即使證據充分也不一定要檢控。戴啟思當日是這樣說的：「雖然很多人被指控干犯的公眾秩序罪行往往並不牽涉暴力或嚴重破壞，他們當中好一部分人正面對着會招致漫長刑期的嚴重控罪。大致上，他們都有着良好品格，代表着香港社會一大部分人。」

他在指出律政司在刑事檢控方面不受任何干涉後說：「然而，律政司的《檢控守則》提醒我們，作出檢控的決定並不單單取決於警方是否有足夠的證據交給法庭及令被告入罪。……由於公眾利益至為重要，即使證據充分，個別人士或者某些種類的案件亦不一定需要交由法庭定奪。」「若證據足以令人入罪，但律政司最後決定不作出檢控的話，這對某些人來說看上來或許有點古怪，甚至不符合他們心中對法治的定義 —— 即所有看來有犯法者必須被檢控。恕我直言，這個理解並不正確。」

戴啟思在毫無基礎下自己裁決了一些參與暴動的人士為大致上有着良好品格，而認為不應該被送上法庭。這顯然違反了他的專業的基本要求 —— 他有甚麼證據支持作出這些人「品格良好代表社會上大部分人」的結論？再者，如果任何犯罪者即使證據足以入罪，都可以只因為律政司認為犯罪者品格良好和代表大部分人便不需被起訴，香港還有法治嗎？

一直高調代表香港法治的大律師公會主席，在這樣高調的場合，高調地從意見領袖的角度檢視高度法律專業的刑事檢控，明顯袒護反修例事件中的違法者。令人懷疑的是戴啟思所言的，是否屬不涉他個人政治立場的純專業研判，還是為博取反政府政客和大半年來不斷在香港街頭打砸燒的黑衣人的掌聲與點讚。

另一方面，反修例至今出現了所謂「黃色經濟圈」，目的是通過政治認同的消費方式，鼓吹以政治取向為準則選擇消費對象，支持反政府反警隊的「黃店」、罷買被認為是支持政府的「藍店」。黃色經濟圈的理念源於反修例社會撕裂對立中，支持「黃絲」的反政府反建制羣體在香港各區肆意打砸破壞「藍店」後提出，這種以族羣與政治立場為主導分割經濟圈，明顯有違任何自由市場經濟理論。奇怪的是在百名自稱公共知識分子聯署聲明中，一位並非研究經濟的聯署學者雖然承認對黃色經濟圈興致勃勃的都是感情主導，而質疑黃色經濟圈是否只是一種情緒發洩，但這位國際關係學者卻仍然把這奇怪的命題當作學術般研究，為這以政治立場為主導的消費與經濟活動模式尋找經濟學術理論的支持。

在民粹氾濫的香港特區，一些對自己究竟是 KOL 還是公知的身份弄不清的學者與專業人士喪失理性、專業與客觀。為了爭取更多 KOL 所渴求的點讚，本屬公知的學者與專業人士，尷尬地處於誠實秉持理性專業與熱熾追逐點讚光環的矛盾中。

事實上，恰恰也是同一位學者，在 13 年前香港仍未陷入今天的社會撕裂時，已曾提出要慎戒公共知識「販子」，點出「由於缺乏客觀標準，公共知識分子質素參差不齊，為求追逐鎂光燈與曝光率，他們只求說話的生動及娛樂性，卻輕視是否帶來真知灼

見，並以民粹的犬儒精神取代批判審思。結果他們只重視『公共』而輕『知識』，反而限制了公眾對問題的認知與思考」。

這位學者 13 年前仍晨鐘暮鼓提醒理性與孤獨的公知，須慎防為追逐民粹鎂光燈下光環而喪失理性批判與審思，但 13 年後因政治立場而社會嚴重撕裂的香港，卻被這位已變得對鎂光燈的興趣更大的學者不幸而言中：重視「公共」的公知，研究經濟的也好，專長於法律專業的也好，呈現給市民見到的，似乎更近似是追逐鎂光燈與點讚的知識「販子」，而不是很多時候只能是曲高和寡孤獨地亮照學術與專業良知明燈的公共知識分子。

（原文發表於 2020 年 2 月 10 日）

篇後記：

這篇文章提及的知名國際關係（而非經濟）學者，黑暴期間為「黃色經濟」提供經濟理論基礎。在 2020 年 7 月中央政府為香港訂立《港區國安法》後，這位知名國際關係學者便匆匆離港跑到台灣，回頭看看，他在把黃色經濟圈這奇怪的命題當作學術般研究時，所持的主導政治立場實在清楚不過。究竟他是專注學術研究的公共知識分子還是追尋某一族羣鎂光燈的 KOL，也實在清楚不過。

疫情下的跳樑小丑

　　就 2019 年底 2020 年初在武漢突然爆發的新冠狀病毒肺炎疫情，中國政府為了內防擴散、外防輸出，果斷把人口過千萬的武漢市封城，同時亦幾乎也把武漢市為省會的湖北省封鎖。中國政府實行對武漢市封城、湖北省封省措施，對疫情控制效果明顯，為中國以外國家防止疫情擴散贏取了時間，中國的快速行動及所採取的措施獲得世界衛生組織專家們的認同與讚賞。

　　以確診病例數字來看，香港這次新冠肺炎疫情遠沒有 2003 年引致 1 755 人感染、299 人死亡的沙士（SARS）那樣嚴重。但在應對這次疫情時，特區政府採取的措施遠比 2003 年沙士時嚴厲。香港市民對這次自 2020 年 3 月初仍只有 100 多個確診病例，亦沒有大規模社區擴散的新冠肺炎疫情，卻遠較 2003 年時恐慌，瘋狂搶購口罩、廁紙，甚至油米的恐慌情緒均相繼出現。

　　市民的不理性恐慌，其實與政府的過度緊張亦不無關係。新冠肺炎在 2020 年 1 月底農曆新年假期開始前在武漢市大規模爆發，接着農曆新年假期完結後，香港特區政府帶頭把政府停擺，關閉所有政府辦公室、法庭及對市民提供服務的政府服務窗口，直至 3 月初才開始逐步對市民恢復有限度及充滿限制的服務，並且在一些面向市民的窗口，實施不接受現金找贖、不發收據等嚴

屬及完全沒必要的措施。而大學、中學、小學及幼稚園在農曆年假前已停課，假期後教育署再三推延學校復課日期至 4 月 20 日復活節假期後，使香港的學校停課了足足三個月。

如果從確診人數數字看，新加坡及香港特區兩地疫情算是差不多。但新加坡面積比香港特區小，人口也比香港特區少，相對上可以說新加坡比香港特區情況稍為嚴重一點。但顯著不同的是在同一時間，新加坡政府沒有停擺、法庭沒有停開、學校亦沒有停課。事實上新加坡總理李顯龍在疫情高峰時便表示防疫要進行，但不應影響整個社會正常運作。

如果這次突發疫情社會危機考驗的是政府的擔當，也考驗人們的質素。在香港，從這次應對疫情的表現，可以看出不論政府擔當或市民素質都較 2003 年沙士在香港爆發時大幅倒退。新冠肺炎在社區可能爆發當然要防範，但政府以防止病菌散播為理由，除醫療機構外把整個政府停擺、命令所有學校停課，這是負責領導特區政府從特首以至決策官員完全不願承擔責任的表現。面對疫情，號稱是最優秀的公務員，還是回復了殖民時代官員原來「少做少錯、不做不錯」的官僚面貌：「乾脆一刀切的把政府停擺、讓學校停課便是了；那樣即使疫情擴散了，也不是我的責任。」

事實上，政府這樣的一刀切停擺，變相帶頭製造了香港整個社會的過度恐慌。

過去大半年的動亂已使香港經濟飽受蹂躪，讓已步入寒冬的香港經濟雪上加霜。疫情來臨時整個社會與經濟活動停頓，政府卸責、官員缺乏擔當、由政府帶頭停擺固然是原因；更重要的原

因是今天的香港社會已不如 2003 年沙士時那樣：即使當年泛民主派反對派如何不滿意前特首董建華的特區政府，仍然能同心協力支持政府應對疫情。這次新冠肺炎疫情爆發，泛民反對派不但已不如 2003 年般拋開政治分歧，同心協力支持政府應對疫情；反而借疫情搞政治操作、有理沒理地攻擊政府、處處拖政府後腿、不斷地搞破壞。

反共的工黨借疫情要求封關為藉口，操作「陸港對立」政治議題，鼓動組織醫管局員工罷工，意圖在最需要醫療系統正常運作的疫情時期，癱瘓政府醫療系統。

鼓吹違法達義的反共香港大學法律系講師戴耀廷，在疫情中仍不忘鼓吹以香港地區為忙於應付疫情的中國的「木馬」，伺機「屠城」推翻共產中國政權。

民主黨創黨主席李柱銘亦在疫情高峰時不忘作反共宣傳，狂言忙於專注應付新冠肺炎病毒的共產中國政府才是真正的政治病毒，進而毫無道理地，也毫無事實根據地指特區政府在港播毒，以一個資深大律師身份卻口號式指責「中共與特區政府委實比新冠病毒更毒」。

而一班高舉「光時」抗爭口號的西貢區新貴泛民區議員，在疫情時期關注的卻是政治操作，硬把去年將軍澳黑衣人暴動期間，在停車場墮樓的科技大學學生周梓樂和自殺身亡的少女陳彥霖與反對修訂逃犯條例拉上關係，在區議會動議區內兩個公園和休憩處分別以兩人名字命名為紀念公園。這些泛民政治新貴為其政治目的，不理陳彥霖母親的公開反對，咬着人血饅頭宣揚自己的政治理念，跳樑小丑般連一個自殺身亡的人也不放過，往死者

母親傷口撒鹽，實在卑鄙無恥之極。

對任何社會來說，突然而來的災難都是對這地方的管治與人民素質的考驗。在湖北省武漢市發生的疫情，中國政府有效率地調動全國資源支援被封城的武漢市、被隔離的湖北省。在孤城沒有騷動、沒有搶掠、沒有大規模的民眾鼓譟。武漢市市民與湖北省民眾所表現出的高素質，贏得了世衛組織專家組的高度評價。世衛中國考察專家組組長布魯斯・艾爾沃德（Bruce Alyward）說：「中國強而有力的干預措施顯著改變了疫情蔓延曲線，最讓我震撼的是，每一個中國人都有很強烈的責任擔當，願意為抗擊疫情作出貢獻。中國人民的堅韌和奉獻，極大延緩了新冠肺炎疫情的傳播。」

反觀香港，特區政府派往日本接回滯留港人的工作隊，在困難重重的環境下其實已做得不錯，但面對一些刁民般的香港記者，仍然要像犯了錯的小孩一樣懇求包容原諒，政府公權權威沒落如此，加上泛民反對派對政府施策的千般刁難破壞，特區政府應對疫情更舉步維艱。

除了要面對刁民般的記者的刁難，特區政府還要應對已完全喪失專業道德的一些專業人士。特區政府派往武漢撤回滯留湖北港人的包機機組人員，竟然因為擔心受新冠病毒感染，拒絕照顧機上乘客，而要特區政府派人負責照顧。這些機組人員在飛機上不執行機組人員任務，那隨機到武漢幹嘛？這些人的專業精神與專業道德到了哪裏？香港人一直以來引以為傲的專業精神還存在嗎？

毫無專業道德的又何只是機組人員。停了課不用上課的孔聖

堂中學署理副校長何柏欣竟然在學校停課期間不務正業，以 11 句藏頭詩每句第一個字連起來說：「黑警死全家一個都不能少」，而且放在網上。令人憤怒的是香港的最大教師工會「教育專業人員協會」竟然第一時間出來為這樣有違人倫、踰越道德底線歪理的行為護短；更令人咋舌的是一些教師更利用總部設於美國的請願網站，以言論自由為藉口為這種有違人倫與道德的行為辯護，繼續蒙騙大眾。令人唏噓的是參與聯署的人不是少數，香港特區新一代的不專業、反智低智、有違人倫如此，香港怎還可能是一個有希望有前景的社會？

在疫情陰影籠罩下的香港，這甚至已不是政治。政治紛擾無絕對的對錯可言，但專業台階有不能妥協的標準；人倫與道德有不可踰越的底線。疫情下突突顯的是當今香港一羣跳樑小丑為反政府，已完全思想混亂、喪失專業、道德與人倫底線。

而更令那些仍秉持專業、道德與人倫底線的人徹底失望的是，對這位有違人倫道德底線的教育工作者，孔聖堂中學的辦學團體面對這樣一首明顯隱藏着詛咒警察咒語的藏頭詩，竟然以是一位飽讀詩書的校長的無心之失為理由，在明顯不過的是非曲直面前，屈服在以言論自由為藉口的霸權惡勢力下，甘當沙丘鴕鳥，把他輕輕放過。就如前特首梁振英所說，你相信他嗎？

這便是今天的香港。疫情下可以看到的不再是 2003 年沙士時的專業與奉獻，而是專業破落、人倫敗壞、道德無底線。對老一輩的人來說，香港已變得是如此的陌生。就如 2008 年獲取了四個奧斯卡金像獎的最佳電影《老無所依》(*No Country for Old Men*) 的劇情一樣：公權沒落，壞人橫行；惡貫滿盈的壞人最後

即使受傷了，仍能一拐一拐地逃離法網。今天公權沒落下的香港也一樣，不斷作惡的人為他們說的「違法達義」傷害了別人找個簡單的藉口，便可以逃離法網，而且以此自鳴得意。對於仍樂業守法、重視專業、人倫與道德的老一輩人來說，香港已經陌生得不再是他們心靈上可以依靠的地方。

（原文發表於 2020 年 3 月 16 日）

背棄創黨初衷的民主黨

在 2019 年 7 月香港立法會被暴徒暴力進入大肆破壞，特區政府軟弱無力不敢對暴徒及政客的謊言反擊時，我發表了一篇名為〈香港陷入死亡邊緣〉的文章，抨擊暴徒暴力及泛民主派政黨政客以謊言包庇暴力。8 月下旬，民主黨中央委員會及紀律委員會分別向我發信，指因有民主黨成員投訴我的〈香港陷入死亡邊緣〉文章內容損害民主黨聲譽，中委會及紀委會分別按黨章由中委會聆訊暫停我的黨籍及由紀委會跟進對我進行紀律處分。

中委會在 2019 年 8 月 22 日就暫停我黨籍進行的簡短聆訊中，竟然在原有投訴我一篇文章的基礎上，臨時加了八篇我在一年內發表過的文章，並且在聆訊中表明中委要作的是政治決定，不容許我就文章內容事實答辯，就這樣暫停了我的黨籍。在接着 9 月 11 日的紀律委員會聆訊中，紀委會在投訴我的一篇文章基礎上，也臨時另加上四篇我同年發表過的文章，以此為證據在不足一小時的聆訊後，決定革除我的民主黨黨籍。

我在獲悉紀律委員會革除黨籍決定，中央委員會未確認前，自己提出了退黨通知。

我的文章譴責暴徒肆意破壞暴力攻擊警察，譴責泛民政客謊言包庇暴力。民主黨不肯也不敢與暴力割蓆、認為我表達的立場

損害民主黨聲譽，在一個月內匆匆把我逼出民主黨。我本來不想提，但是上月初民主黨中委蔡耀昌因堅持反歧視而被指與民主黨立場不同，被迫辭掉在民主黨的所有職務時，令我感覺對於民主黨這些年來的改變不吐不快。

民主黨的基本信念是支持香港特區回歸中國實行「一國兩制」，肯定香港人是中國人民的一分子，信念的重要內容是崇尚人權、維護社會公義、消除任何歧視。事實上自回歸以來，民主黨與其他民主黨派一直以中國人角度平等對待內地人，從港人內地所生子女居港權，到內地人在港所生子女的居留權，民主黨及泛民各黨派都一直支持。但這種以內地人與港人同是中國人為基礎的基本信念，在近年慢慢消失。2014 年佔中爆發，港獨冒起，香港特區各泛民黨派開始變成了敵視中國、敵視中央政府、歧視敵視內地人、向港獨傾斜的政治力量。對民主黨而言，明顯是背棄了創黨初衷及基本信念。

2020 年 3 月初，身兼民主黨中央委員會成員的香港社區組織協會幹事蔡耀昌發表調查報告，指香港一些食肆以新冠肺炎疫情為由，張貼告示表明不接待內地人是歧視行為。蔡要求平機會調查及要求政府修例，將歧視從中國內地來港的新移民及內地公民定為種族歧視。

對於蔡耀昌為內地人被歧視而發聲的行動，63 位主要為年輕黨員的民主黨人聯署發表聲明，轉移視線，包庇及掩飾明顯不過的歧視行為。聲明把蔡耀昌的反歧視言論等同支持特首林鄭月娥拒絕在疫情時全面封關，指蔡耀昌的反歧視言論與民主黨堅持全面封關的政治立場出現重大矛盾。

民主黨中委會跟進聲明後決定：「因應疫情關係，面對政府無能，民主黨支持亦深信港人自救；商戶採取合理防疫措施，拒絕高風險人士光顧，並不涉及任何歧視行為。我們尊重及支持有關防疫舉動。」

面對這種明顯針對內地人的歧視行為，民主黨竟然把責任推向政府，簡單說一句政府無能為藉口，便把商戶針對性拒絕招待內地人合理化，為這種明顯的歧視行為解脫，扭曲為合理的防疫措施。民主黨支持的所謂合理防疫措施其實是支持對內地人的歧視行為。

如果那只是防疫措施，為甚麼只針對內地人而不包括來港外國人、台灣人、澳門人？為了政治上反共與討好敵視內地人的選民的需要，而以這種低劣的理由來作為掩飾歧視內地人的遮羞布，香港第一大黨為了眼前政治利益，連自己創黨基本信念也拋諸腦後。

在出席民主黨中委會暫停我黨籍及接着的紀委會革除我黨籍的聆訊中，我說了同樣的一段話。我說：民主黨創黨支持香港民主回歸，2010 年民主黨反對「五區公投」、支持特區政府當時提出的政改方案，民主黨的領導人當年進入中聯辦與中方官員溝通；因而在同一年的 7 月 1 日遊行中，民主黨的遊行隊伍走出維多利亞公園便被各激進泛民黨派粗口辱罵，到達舊政府總部時更被人肢體衝擊推倒地上。我對中委會及紀委會說，陳莊勤仍然是2010 年時民主黨的民主黨人，今天改變了的是民主黨而不是陳莊勤。

自佔中後出現的一股爭相崇洋媚外、敵視中國、歧視內地

人、向港獨傾斜的政治狂熱浪潮中，香港各老牌泛民黨派為選票而蜂擁往沒有出路的浪潮中擠。恐怕走得不夠前而失去短暫政治利益的民主黨，喪失了的是十年前面對其他泛民黨派狂攻時對理性政治擇善固執的勇氣，放棄了的是對民主黨創黨基本信念的堅持。堅持信念的蔡耀昌只是狂潮中孤獨的聲音，被排擠是必然的。

在中委會處理暫停我黨籍的聆訊中，一位叫袁海文的年輕中委問我，既然我與民主黨的立場已如此不同，為甚麼不退出民主黨？我對這位中委說我知道我並非現今民主黨的主流派，而是非主流；我以為我可以是民主黨的非主流，但到了這聆訊我才知道原來民主黨並不容許非主流，原來民主黨要的是統一思想。於是我問這位年輕中委和以胡志偉為主席的民主黨中委會：「那麼民主黨與共產黨有甚麼分別？」

（原文發表於 2020 年 4 月 13 日）

對反對派的當頭棒喝

　　對香港人來說，因疫情而推遲了兩個多月才召開的全國人大會議，聚焦的不是新冠肺炎，而是人大通過俗稱「港版國安法」的《全國人民代表大會關於建立健全香港特別行政區維護國家安全的法律制度和執行機制的決定（草案）》，授權全國人大常委會制訂香港特區維護國家安全的相關法律制度及執行機制。

　　制訂「港版國安法」，無疑是針對近年在香港急速冒升在年輕人羣體中廣泛氾濫的港獨思潮及由此而在香港社會大範圍引起的種種亂象與暴力行為。香港泛民反對派與反政府勢力、媚外政治團體、為港獨歪理撐腰的學者及律師，紛紛指責人大決定為香港制訂「港版國安法」是取代《基本法》第二十三條，由香港特區自行就香港境內有關國家安全立法，干預香港特區高度自治，等同宣示「一國兩制」結束，正式進入一國一制年代。

　　對於全國人大決定授權全國人大常委會行使憲法賦予的立法權，為香港特區制訂「港版國安法」，並按《基本法》第十八條第三款將「港版國安法」列為《基本法》附件三適用於香港特區的全國性法律，有法律學者指稱是為香港特區度身訂造。香港大學法律學者陳文敏教授指稱「港版國安法」雖與列於《基本法》附件三的《中華人民共和國香港特別行政區駐軍法》同樣由人大常委會

為香港特區度身訂造，但由於本質不同，因而「港版國安法」並不符合《基本法》。

政治傾向與泛民反對派一致的陳文敏的觀點是否正確見仁見智。而事實是香港自 2012 年反對國民教育開始，泛民反對派與媚外政治勢力便不斷向香港年輕人灌輸那種視國家民族尊嚴為無物、把國家主權與統一無條件服膺於幾乎沒有限制的言論自由，而引發出的歪理與社會上光怪陸離的畸形現象，已使不少香港人氣憤不平。因此，全國人大決定制訂「港版國安法」並沒有遇到如 2003 年特區政府推行《基本法》第二十三條立法時的強烈反對，甚而有民調顯示有過半市民表示支持。

「港版國安法」並不能取代涵蓋六個範疇仍須進行的《基本法》第二十三條立法。「港版國安法」制止與懲治四類行為，即（一）分裂國家，（二）顛覆國家政權，（三）組織實施恐怖活動和（四）勾結外國和境外勢力干預特區事務。而且規定除了特區政府建立維護國家安全的機構和執行機制外，中央政府也可根據需要在香港特區設立機構履行維護國家安全的相關職責。

「港版國安法」有關制止與懲治在香港特區發生的組織實施恐怖活動的行為的規定，在《基本法》第二十三條是沒有的，「港版國安法」這加碼的範疇，明顯是針對過去一年在香港出現，已開始被特區政府形容為恐怖活動的暴力行為。而對那些暴徒及包庇暴力行為的泛民反對派最具震懾力的是，「港版國安法」為中央政府在香港設立機構執行相關法律授予的職責，開了綠燈。這無疑意味着港人一直恐懼的情況將出現——中國內地權力部門在香港設立機構執法。這也是泛民反對派及一眾鼓吹「違法達義」

歪理如戴耀廷之流的學者長期罔顧中央底線，不斷借助外部勢力為散播港獨言論與暴力行為撐腰引發的後果。

北京政府與相關部門負責人及特區政府官員已多番表示，「港版國安法」只針對在香港特區鼓吹港獨、迷信暴力的極少數人。但即使如此，以中國為敵的美國與敵視中國如末代港督彭定康之流的西方現任與過氣政客，必然會配合在香港特區的仇中勢力大造文章，惡意在一些不完全掌握情況的港人中製造莫名恐慌。

美國對「港版國安法」的推出第一時間作強烈譴責，並且揚言會對「陸港」採取嚴厲行動對付。美國來勢洶洶的批評，只反映了美國的雙重標準和美國視中國為敵，已是不會改變的美國兩黨共識國策。也是因為美中已進入冷戰，美國全方位處處對付中國，北京決定制訂「港版國安法」反而沒有了恐懼被美國對付的顧忌。

相對於美國，西方各國多數只是表達對「港版國安法」關注及作口頭指責，而非如美國般恐嚇對「陸港」作出制裁。加拿大總理杜魯多表示關注「港版國安法」的原因，是在香港特區有 30 萬加拿大公民。其實也正是這原因，香港特區需要有制止外國干預香港事務的國家安全法律。中國主權下的香港特區所遇到獨特的關鍵問題，便是在香港特區有太多持外國國籍對中國沒有絲毫感情的永久居民，他們視中國人民族尊嚴、中國國家主權與統一為無物，而故意輕視或站在外國人立場指指點點，甚而任意妄為。30 萬加拿大居港公民與其他幾十萬居港外國公民若安於本分，不作出危害中國國家與香港內部安全的行為，他們何懼

之有？

　　不久前，個別居住澳洲的華人作政治捐款，被指責為中國透過這些華人捐款干預澳洲政治，而被澳洲政府取消居留權。澳洲政府對待居澳華人的做法正好提醒外籍居港人士，別以為擁有外國國籍便可以在香港特區任意妄為，踐踏北京為香港地區訂立國家安全的紅線。

　　「港版國安法」也當頭棒喝那些視國家為無物、處處踐踏國家民族尊嚴、連《國歌法》立法也反對的泛民反對派，他們必須從以維護美國霸權與西方國家利益為目的的所謂「普世價值」虛妄中清醒過來，不能繼續沉淪於喪失國家民族立場的媚外思潮陷阱，作出損害國家利益與民族尊嚴的行為。

（原文發表於 2020 年 6 月 8 日）

解讀《港區國安法》

　　全國人大常委會在香港主權回歸中國 23 週年前夕，通過了《中華人民共和國香港特別行政區維護國家安全法》(《港區國安法》)，並即時將它根據《基本法》第十八條列入《基本法》附件三在香港特區執行。

　　這是特區政府自香港主權回歸 23 年仍未能依《基本法》第二十三條規定自行制訂國家安全法，加上過去一年香港特區出現強烈港獨色彩的嚴重動亂，引致中央政府痛下決心，自行按《基本法》規定為香港國家安全立法。

　　在這背景下出台的《港區國安法》顯得非常嚴厲及針對性，主要針對自 2014 年佔中開始抬頭的港獨勢力及 2019 年發生反對派號稱對準政權的反特區政府與反中央政府宣傳與暴力活動。

　　《港區國安法》所列的四類罪行涵蓋分裂國家、顛覆國家政權、恐怖活動和勾結外國或境外勢力危害國家安全。《港區國安法》在四類罪行細節中詳細列明構成犯罪的元素，針對性地把過去幾年反對派與一些鼓吹港獨團體，超越中央政府列為分裂國家與危害國家安全紅線的行為，全部列為刑事罪行。

　　以分裂國家而言，《港區國安法》第二十條不單把港獨活動列為違法，也把進行將香港特區以外的「中華人民共和國其他任

何部分從中華人民共和國分離出去」的行為列為違法。換句話說，《港區國安法》實施後，不單進行港獨活動違法，鼓吹疆獨、藏獨、台獨也屬違法行為。此外，《港區國安法》第三十七條及三十八條還規定了，不論是否香港永久居民在香港境外觸犯《港區國安法》罪行的，也可依該法被追究刑責。這一規定徹底切斷了外國勢力借用香港特區為分裂中國的基地，也讓以前在台灣肆無忌憚宣揚港獨、疆獨、藏獨與台獨的如香港大學法律系學者戴耀廷之流必須三思。

《港區國安法》第十九條規定，禁止勾結外國或境外勢力危害國家安全的行為包含了操控選舉、引入外國制裁及對中國敵對的行為，明顯是針對反對派接受不明來歷捐款進行的選舉部署和針對過去多年來泛民反對派與鼓吹港獨頭目，絡繹不絕於途往外國議會唱衰香港特區，甚至要求外國政府制裁中國的行為。而第二十九條更重的規定是，使配合外國政府或媒體惡意造謠攻擊中央及特區政府，引發香港居民敵視中央及特區政府的行為，成為可追究的犯罪行為。

《港區國安法》第二十二條的顛覆國家政權罪條文，包含了針對泛民反對派立法會議員惡意拉布癱瘓立法會的行為。第二十二條第三款將「嚴重干擾阻撓破壞⋯⋯香港特別行政區政權機關依法履行職責」列為罪行；同時第四款也針對2019年7月1日暴徒衝入立法會大樓大肆破壞，而將「攻擊破壞香港特別行政區政府機關履行職責場所及其設施」列為罪行。

《港區國安法》第二十四條所列的恐怖活動罪行，差不多全是針對過去一年暴徒的暴力行為而列出的罪行，包括暴徒以「私

了」對個人的暴力行為、擲汽油彈、縱火、向警察射雷射槍、淋尿、破壞公共與交通設施、鐵路、車站、道路與電力供應及通訊網絡等。可以說是一網打盡,對懲處這些行為一步到位。

除了將組織、實施和參與上述罪行列為犯法外,《港區國安法》並規定了宣揚、煽動、協助、教唆和資助這些犯罪行為,也列為干犯相關罪行。

《港區國安法》分四個層面推行,四個層面均體現中央政府的高度存在,間接反映了中央政府對過去一年多以來特區政府從行政、立法到司法的表現的不放心。

《港區國安法》規定中央政府設立「維護國家安全公署」,那是除了中央駐港聯絡辦公室、外交部駐港特派員公署及駐港部隊外,直屬中央政府派駐香港地區的第四個中央駐港機構。「維護國家安全公署」具有監督特區政府履行維護國家安全職責及依法辦理危害國家安全犯罪的權力,特別是第五十五條,規定「公署」可以對一些在香港特區發生的危害國家安全案件行使管轄權,立案偵查並交中國內地檢察機關及法院進行檢察及審理。

依《港區國安法》在香港特區設立的「維護國家安全委員會」負責香港特區維護國家安全事務,「國安委」除了由特區政府主要官員擔任、受中央政府監督及問責外,《港區國安法》還規定了中央政府指派「國家安全事務顧問」進入「國安委」列席會議。而第一位被委派的「國家安全事務顧問」是中央駐港聯絡辦公室主任駱惠寧,充分體現了香港國家安全事務最高決策層面中央政府的存在。

在執法層面,《港區國安法》指定警務處特設維護國家安全

部門負責執行。除了部門負責人人選須「維護國家安全公署」同意外，《港區國安法》也規定了警務處維護國家安全部門，可以從香港境外聘請專門人員和技術人員協助工作。這也是為引入內地相關人員協助國家安全工作提供了法律依據。

在檢控工作上，《港區國安法》亦規定律政署專門設立國家安全犯罪檢控部門負責檢控。部門負責人由特首經徵詢中央駐港的「維護國家安全公署」委任；而部門的檢控官也必須徵得「維護國家安全委員會」同意才能由律政司任命。

從中央政府指派顧問參加「維護國家安全委員會」會議、通過駐港「維護國家安全公署」直接或間接介入警務處維護國家安全部門及律政署國家安全犯罪檢控部門人員的委任，以至由「維護國家安全公署」行使檢察與審理的管轄權，均反映出北京政府對特區政府執行國家安全法律的不放心。

香港泛民反對派強烈反對《港區國安法》立法是意料中事，他們其中一個反對理據是人大常委會制訂的《港區國安法》與普通法原則不符。平情而論，《港區國安法》有兩個特點是突顯了與香港現行法律習慣不同的。第一點是香港沿用普通法原則，成文法律只規定禁止的行為，不規定義務。《港區國安法》第六條列明香港同胞有維護國家主權統一和領土完整的義務，是引入了內地成文法律規定公民義務，使之成為可追究公民法律責任。就如內地的《婚姻法》規定夫妻計劃生育義務，是有刑事責任的義務；夫妻互相扶養義務、父母對子女撫養義務、子女對父母贍養義務，是可追究刑事與民事法律責任的義務。沿用普通法的香港法庭如何理解《港區國安法》第六條規定的義務，按內地法律理

解可能引申的法律責任，將是學術研究題目，也可能是在審判時須面對的問題。

《港區國安法》第二個特點是對於干犯該法的罪行規定了最低刑罰。現行香港刑法中除了謀殺罪成必須判處終身監禁外，其他刑事罪行在立法層面成文法律只規定最高刑罰而沒有規定最低刑罰。但《港區國安法》中差不多所有罪行，均按嚴重性區分而規定了量刑為十年至終身監禁、五年至十年、三年至十年監禁及三年以下監禁。除了情節較輕而符合《港區國安法》第三十三條規定可由主審法官酌情減輕及免除刑責外，其他情況均有三至十年、五至十年或十年至終身監禁的最低量刑規定。這些最低量刑規定是香港現行法例所沒有的。

但客觀地說，最低量刑規定也非內地獨有。西方國家如美國、英國、澳洲等在過去二三十年間也分別在不同罪行、主要是與毒品相關罪行中，為使刑罰更具阻嚇力而在政策上引入強制性最低量刑（Mandatory minimum sentence）規定。普通法地區通過立法規範了法官最低量刑，反映了法律必須因應時代需求，制約法官酌情權。香港特區在「一國兩制」不變與不敢變的緊箍咒下，造就了完全依賴法官以個人取向，對可能已不能適應時代需求的法律的詮釋作為法律依據，形成司法主導與司法獨大；加上立法癱瘓，特區政府無從推動立法糾正制約司法獨大的畸形現象。

《港區國安法》第十四條規定「維護國家安全委員會」決定，不受司法覆核，突顯了中央政府不滿香港主權回歸後，殖民地時代遺留下來的強勢行政主導政府不斷被無限擴大的司法監督所削弱，卻無力通過推動立法糾正扭轉以強化行政主導。「國安委」

決定不受司法覆核和《港區國安法》第四十四條規定，由特首委任專門處理危害國家安全犯罪案件的法官，正反映了在《港區國安法》立法過程中，中央政府對香港特區出現的司法獨大的不滿。事實上，不論是有心無力也好、無心無力也好，過去一年特區政府處理港獨勢力抬頭不力、壓制暴力無方、個別裁判官與法官任意放生或輕判干犯嚴重罪行的犯罪分子，已是眾所周知的事實。治亂世不用重典，只能讓香港特區繼續亂下去。

　　《港區國安法》是一部中央政府為香港特區制訂的重典，是否可以有效遏止一年來氾濫不止的港獨囂張與暴力橫行，還要端看香港特區政府言行上的決心。

（原文發表於 2020 年 7 月 13 日）

樹正何愁月影斜？

2020 年 10 月底香港特區律政司向高等法院提出緊急申請，禁止任何針對法官的「起底」行為。高等法院法官高浩文在聽取律政司一方陳詞後，批出臨時禁制令，禁止非法披露司法人員及其家人的個人資料。

律政司申請禁止對法官「起底」行為，是源於近一年來香港多位裁判官及法官就長達一年多的反修例引發的破壞公眾秩序、刑事毀壞、傷人與黑衣人暴力案件中的具爭議性裁決及量刑，引來公眾對於判案法官及裁判官的批評而引起。一些不滿法庭裁決的批評者，公開具名指責處理黑暴案件不公的裁判官及法官，由是一股由黑暴暴徒支持者針對執法警務人員的「起底」之風，燃燒到這些被認為是處事不公的裁判官及法官。

事實上這些裁判官及法官被批評並非無道理。曾經有人有系統地列出個別裁判官在處理黑暴案件中，有明顯偏袒一方的表現。而這些表現明顯因裁判官或法官本人的政治取向引致，甚至在一些案件中，這些裁判官及法官的政治取向，在對案件作出裁決時溢於言表。

例如 2020 年 4 月，一名法官就處理反修例一名斬傷人的案件中，指斬傷反修例示威者的被告「情操高尚」，因而這位法官被

指為偏幫藍營的「藍營法官」。6 月，總裁判官蘇惠德輕判一名鼓吹港獨的香港眾志成員時，對被告說「要留有用之軀」，又指被告「將來一定是社會棟樑」。這位裁判官並不認識被告，憑甚麼認定犯案的被告將來一定是社會棟樑？而以此為理由對在立法會會議廳內鬧事的被告輕判罰款了事？這位裁判官的政治立場在對案件作出裁決時溢於言表，其政治立場亦反映在判刑中。

又有另一位屯門裁判法院裁判官水佳麗，在審理一名承認 2020 年 1 月投擲三枚汽油彈的少年被告時，在判刑時有意或無意無視少年被告為曾留級的學生，而無根據地稱被告為「優秀少年」和「滿腔熱情」作為輕判擲汽油彈的被告只接受感化的藉口。而屢屢被指不公的東區裁判法院裁判官何俊堯，在他審理的黑暴案件中，大多數案件均被他以各種理由放生被控干犯嚴重罪行的被告或對犯嚴重罪行的被告以各種理由輕判。

在面對這些公眾認為是明顯有問題的法庭裁決的大量公眾投訴時，香港特區司法機構的做法，只是由總裁判官對投訴進行調查，由「自己人查自己人」，迅速一人說了算，裁定投訴不成立，終審法院法官亦迅速接納了總裁判官的裁定。而審理案件時眾多裁決備受爭議、裁決明顯地被質疑的何俊堯裁判官，更迅速地即時提升為高等法院副司法常務官，特區司法機構這種在公眾眼中甚有問題的做法，實令人目瞪口呆。若香港司法機構這種草率處理投訴的方式，發生在其他公職人員與部門而被司法覆核，肯定被香港司法機構的法官批評得體無完膚。

香港特區是一個很小的地方，以法律從業人員圈子來說，更是非常小的小圈子，而且與香港以外地區幾乎完全沒有司法人員

聯繫，香港特區也沒有如內地或其他國家的為避免地域利益或本地人事衝突而規定異地審訊。香港特區的律師大律師除少量海外回流的外，均來自本地三間大學；而大部分法官裁判官也是本地的律師或大律師晉身入司法系統的。

律師與法官同屬同一小圈子，很多時候審理案件的法官或裁判官，會與在法庭出現在他面前代表被告的資深律師或大律師是師徒關係，或彼此是同學、同門或者曾經是好友。這類現象在香港特區法庭中可以說常有出現。代表律師或審理案件的法官也毋須在法庭審理案件時，申明法官與出庭代表律師大律師過去的關係。這樣的情況，在其他任何公職人員處理公務的情況下出現，均是不可思議，足以使人質疑。但在香港特區法院，這樣的情況，從來不是問題，也沒有人提出質疑。

香港特區的司法制度，不論在本地或者國際一向享有很高的評價，過去香港市民從不質疑香港特區法院裁決的公平公正，但為甚麼自從高度政治化的社會環境出現引起政治運動而引發的罪行發生後，便會出現這種被指因法官個人政治取向而處理案件不公的情況？

過去這種在其他公職場合被認為是有問題的關係與被認為是有問題的裁決，在過去並沒有在香港特區的法庭遇上任何質疑，原因是過去香港法官所代表的大公無私與公平正義深入民心。過去香港市民給法官的信任是無條件的，這種無條件的信任變成近乎是理所當然，從來沒有人質疑的。這種理所當然的信任，是一直建基於在香港市民眼中法官處事的公平公正、無私無懼。這種對法官的尊重，在市民心中引申到對為公義發聲的律師與大律師

的尊重。

　　但人們對法院、法官與律師大律師的無條件信任與尊重，是由法院、法官與律師大律師的長期秉持公平公正賺回來的。這種無條件信任與尊重，已隨着 2019 年黑暴的來臨完全改變了。在處理涉及以自由之名鼓吹港獨支持暴力的案件中，超過一億元的不具名捐款堆砌的基金，支持大律師為黑暴護航，加上法官判案偏袒、量刑偏袒，香港市民對法庭的信任、對司法制度的信任、對法官和對大律師的尊重，已不再是無條件和理所當然的。

　　人們為了表達不滿而對這些不公的法官作具名批評是很自然的發洩，法律沒有禁止，也不可能禁止。如果連被認為是任意放生罪犯與輕判黑暴罪犯的法官是哪一位也成了機密，不能讓人知道，我們制度中一直自詡的讓公義彰顯（Let justice be seen to be done）豈不成了廢話？法庭的命令不能禁制人們的想法、更不能禁制人們開口要求討個說法。

　　香港特區的司法公平正義的面紗，因少數法官裁判官被認為是處事不公而被撕破了。法庭要做的不是「防民之口」，而是要「自正其身」。特別是涉及港獨暴力與國家主權與利益問題上，必須公平處理，重拾市民對司法的信心。

　　香港是一個國際城市，毫無疑問，支撐着香港法制的是一整套的西方價值，法庭引用的普通法系國家案例，也包含了維護西方國家利益的西方價值觀。但香港也是一個居民以中國公民為主，中國主權下的中國城市，在國家利益與國家安全層面，無過濾地引用外國案例以代表西方國家利益的西方價值來處理涉及中國國家安全、領土完整與國家利益的案件，是否符合香港作為一

個中國主權下的城市的利益？香港特區的法院一直以來從沒有考慮，現在是必須考慮的時候了。

　　法庭內操着流利的英語便等同公平正義與真理的時代早已過去。不論是法官或律師與大律師，在處理涉及國家主權與利益的案件時，不能仍然單從殖民地時代遺留下來以西方國家利益為基礎的政治、法律與價值取向的思維方式出發，而必須多一點從本國與本地的利益角度出發，以便在香港特區的特殊國際地位與維護中國國家主權與利益中取得平衡，免除香港特區的中國公民對司法人員處事是否公正的疑慮。

　　對法官及其家人「起底」，就如黑暴支持者對警務人員及他們家人「起底」一樣，絕不能容忍。但重要的原則是法律規定，除了案件在審訊期間不能有媒體或其他任何一方以任何方式評論影響判決外，在案件審理後，任何人均可以對案件審理是否公平表達意見，包括引述案件中負責審理案件的法官名字。

　　香港法官任命是終身制，沒有人可以隨便革除任何一位法官。而終身制的每一位法官履行職責時作出的判斷均影響當事人、當事人的命運與前途，甚而影響整個社會，公眾當然有權對任何一位法官有很高的要求。法官對他作出的裁決必須負責，他不可能作了影響他人、影響社會的裁決卻有隱藏自己身份的特權。如果大眾對法庭判決不滿，竟然不可以提法官的名字，那自詡公平正義的香港法制，如何彰顯公義不單要得到伸張，而且是要被看到得到伸張（not only must justice be done, it must also be seen to be done）？

　　中國自古有名言「公道自在人心」。上月香港法庭的禁制令，

不應禁止任何人就已審理的案件對負責法官的具名批評，無疑，法官與法官家人的私隱必須保護，但對履行公職影響無數人與整個社會的法官來說，「樹正何愁月影斜」？法官若是處事公正，何懼之有？為何要「防民之口」？由自己為自己頒佈禁制令禁止別人的具名批評？

（原文發表於 2020 年 11 月 3 日）

忠誠反對派抑或革命英雄？

全國人大常委會 2020 年 11 月 11 日通過《全國人大常委會關於香港特別行政區第六屆立法會繼續履行職責的決定》，授權香港特區政府按人大常委所定標準，取消不達標立法會議員的資格。港府隨即宣佈，取消郭榮鏗、楊岳橋、郭家麒及梁繼昌四名議員的資格。四人原於 9 月參選第七屆立法會選舉爭取連任，但被選舉主任以不擁護特區《基本法》和不效忠特區為理由，取消了他們的參選資格。

人大常委會的《決定》的第一條為甚麼是不符合擁護特區《基本法》、不符合效忠特區的法定要求及條件定下標準，並說明一經認定即時喪失立法會議員資格。第二條指明《決定》適用於參選第七屆立法會時被選舉主任取消資格的四名續任立法會議員，並且特別指明「今後參選或者出任立法會議員的」亦適用這次人大常委《決定》。第三條授權依《決定》喪失議員資格的，由特區政府宣佈。

特首林鄭月娥就《決定》作出的說明中傳遞了兩點重要訊息：(一) 因應疫情，在選舉前夕取消於 9 月舉行的立法會選舉引致的空缺，由人大常委決定授權第六屆立法會議員全體留任。但人大常委決定前，已有四名擬參選連任的議員，被裁定不符合擁

護特區《基本法》及不符合效忠特區政府的要求而被取消參選資格，讓這些人在延長任期中繼續留在立法會不合邏輯，亦違反政治倫理。（二）全體第六屆立法會議員在 9 月任期屆滿，但因疫情沒有了選舉，而續任權力來源自人大常委會。因此，為解決這不合邏輯及違反政治倫理的狀況而必須作出的決定，亦須由全國人大常委會作出。

在人大常委會作出《決定》後，特區政府即時宣佈四名立法會議員喪失資格，接着，另外 15 名泛民反對派立法會議員亦隨即宣佈「總辭」。泛民反對派議員及個別親泛民學者一如既往，指稱香港法治已死、北京干預香港特區議會令「一國兩制」消亡。

依特首林鄭月娥對《決定》的說明，從法律要求與權力來源角度來說是合乎情理的。第六屆立法會議員任期屆滿，因沒有選舉而延任的授權來自人大常委會，取消不符資格的延任議員席位的權力來源，必然亦是人大常委會。

但平情而論，人大常委會的《決定》亦有「僭建」之嫌。因為《決定》是關於第六屆立法會繼續履行職責的決定，但《決定》卻說今後亦即第六屆後參選或出任立法會議員亦適用這次《決定》。

在《決定》的合法性而言，如果泛民反對派議員要質疑及挑戰人大常委會《決定》取消議員資格的合法性，便必須追溯到他們在 10 月立法會復會決定是否接受人大常委會的延任授權。在 8 月人大常委會行使權力延任當屆任期屆滿立法會議員時，一眾泛民反對派議員及大律師公會主席立即指當時人大常委會的授權延任違反《基本法》，並指延任議會是「不合法的臨時立法會」，香港人不能接受。朱凱迪及陳志全兩位議員並以此為由拒絕接受

延任。後來一眾泛民反對派議員及大律師公會在人大常委會授權是否違反《基本法》問題立場上迅速退縮，不再提人大常委違反《基本法》，並通過被指經篩選操控的民調結果為依據接受延任，以行動接受了人大常委延任授權的合法性，現在卻在法理上挑戰人大常委會行使取消延任立法會議員地位的權力，實前後矛盾。

北京早已為香港反對派定了底線，他們只能當忠誠反對派，老實地以擁護《基本法》和效忠特區為前提待在建制內。而現實是過去幾年來一眾泛民反政府議員開口閉口把合法的中國政府貶稱為一個政黨 ── 中共，附和走港獨歪途的年輕人揚言「對準政權」，將掌握國家與特區主權的政權貶低視為作為鬥爭對手的敵對政黨。以爭取民主之名在議會阻撓政府施政，在街頭鼓勵包庇年輕人的反政府暴力，邀請外國政府及政客聲援。凡此種種如何能說是效忠特區？

種種跡象顯示，取消四位議員資格並非如《決定》所說由特區政府提出。有政治觀察者認為，原本人大常委會作出第六屆立法會議員延長任期決定時，已欲取消再參選提名時被取消資格的四位現任議員，但是林鄭政府對與泛民反對派大和解的心魔未除，而力保留任。但留任後這些議員反中媚外態度未改，而且變本加厲，北京忍無可忍，況且中國與美國關係近期急轉直下，美國針對香港與中國頻頻出招，中國婉轉應對失效，因而全力對付香港泛民反對派已無顧忌，故要求特區政府提出取消這四位議員的資格。

四人在這時被《決定》裁定而喪失了立法會議員資格，亦解釋了林鄭政府為何史無前例地於 10 月煞停在復會的立法會宣讀

《施政報告》，延至 11 月底四位議員被取消資格後才恢復宣讀。在政治倫理上，特區政府施政不可能在四個已被認定不效忠特區、不擁護《基本法》的議員面前宣讀，並接受他們的批評及質詢。

4 位泛民議員喪失資格，15 位「總辭」。香港特區的泛民反對派政治力量走到了十字路口。究竟繼續在體制內甘心或忍辱負重地當忠誠反對派，還是不妥協走回街頭慷慨激昂當革命英雄，是擺在他們面前的抉擇。妄圖以所謂「國際連線」仰賴外國勢力支援，只會是死路一條。

（原文發表於 2020 年 11 月 23 日）

被假髮長袍浮誇侵蝕的香港法治

　　香港高等法院法官周家明 2020 年 11 月在一宗關於警員行動中不展示警員編號是否違法的司法覆核案件中，裁定不展示警員編號違反了《人權法》。

　　案件源於警方在應付香港史無前例的黑暴暴動行動中，暴徒及黑暴支持者憑警員肩上的編號把警員及警員的家人起底並進行恐嚇，因此警方在後來暴動現場行動中，部署專門快速抓捕暴徒的速龍小隊人員，不展示警員編號。

　　周家明以《人權法》為理由，指警方在行動中不展示警員編號違反市民可以追究行動警員身份的權利，無疑是通過法庭命令繼續讓警員執行公務被起底、家人被騷擾恐嚇。

　　周家明的判決引起支持警方止暴制亂的市民廣泛不滿，對周家明裁決的批評鋪天蓋地而來。香港大律師公會一如既往立即第一時間發表聲明譴責批評者，並指有關對周家明裁決的批評「徘徊在干犯藐視法庭罪的邊緣」。

　　其實警方於特殊性質的行動中，隱藏執行任務警務人員身份是國際慣例，香港「飛虎隊」也以同樣方式執行任務。周家明單單對黑暴的特別行動警員不給予保護，必須提出令人信服的理據，只斷章取義引用《人權法》而引來公眾批評是很正常的。

大律師公會一向以人權衛士自居，但很多殖民地時代遺留下來的藍血大律師過去兩年所展示出的，是他們所維護的人權並非一視同仁。他們維護的是黑暴勢力肆虐的暴徒人權，對電視鏡頭下不容抵賴的暴徒大肆破壞公私財產、攻擊不同政見市民的違法行為，他們不發一言，警方以武力制暴則屢屢被他們批評。對警務人員被起底、家人被騷擾的嚴重被侵權行為，這些尊貴的藍血大律師同樣不發一言，這便是他們所謂的人權。

　　香港不需要只保護黑暴不保護執法警員的「人權」。香港市民早已受夠了虛偽的人權衛士的雙重標準。他們重複地向法官陳述這種雙重標準，那些接受了他們這種雙重標準的法官作出雙重標準裁決，被仍懂分辨是非的市民批評，有甚麼稀奇？香港市民不需要大律師公會揮起藐視法庭罪的大棒，捍衛那「法官判決普通市民不容批評」的荒誕神話。

　　市民在非訴訟進行期間表達意見、批評法官裁決有甚麼問題？到底如何構成藐視法庭罪？大律師公會必須向市民說清楚那阻嚇公眾行使言論自由權利的警告之理據，勿動輒便以「法官屁股不可摸」的荒誕神話來恐嚇公眾。

　　香港市民對法官的判決曾經是無條件地信任的，那是司法人員長年累月秉持公平公正、非政治化與專業履行職責所賺取的。這種無條件的信任，現已不再存在，原因是不斷有人把政治爭拗帶入法庭；一些自視為人權衛士的大律師推波助瀾，使法庭成為宣揚政見的平台。不少裁判官、法官屢屢在判決中明顯展示個人政治取向，個別甚至選擇性引用選取的事實，來支持其顯示個人政治取向的裁決，引來公眾批評是很自然和可預見的。

普通法喪失了應有的與時俱進功能

　　香港特區沿用殖民地時代遺留下來的普通法，法律反映大多數人的價值與道德觀念、保護持不同觀念少數人的權利。普通法制度也被稱為法官制訂法律（judge make law 或 *stare decisis*）的制度，優點是通過法官對時代脈搏的掌握，在判案時於法律框架容許下，作出符合時代需求與反映當代主流價值觀念與取向的判決，是讓法律不斷與時俱進發展的法律體制。但在香港特區「一國兩制」之下，司法制度的困境，是墨守成規地遵循殖民地時代遺留下來、反映當時的價值觀念來理解法律規範，沒有與時俱進、適應與反映在中國主權下，依《基本法》實行「一國兩制」新憲制框架下國家效忠、人倫與社會道德規範的法律要求。

　　就如最近頻頻批評香港法院裁決的前終審法院法官烈顯倫（Henry Litton）所說：「本地的高級別法院並沒有引領普通法適應『一國兩制』原則，而是誤入歧途盲目固守一些難以理解、生搬硬套的道德概念和法律技術，並以此落實人權保護。但是很多這類人權概念都已經不適應香港的現狀。」

　　他更直言：「長期以來，香港律師被允許（實際上是被鼓勵）對《基本法》敷衍了事。但是普通人並沒有看清這一點，也沒有意識到這一做法對法治的傷害。他們敬畏這套體制的神秘感，就如同中世紀歐洲農民面對拉丁語念誦的祈禱詞一樣。他們還沒有認識到這套充滿假髮長袍、鞠躬作揖等繁文縟節的浮誇體制，實際上正在侵蝕香港的法治。」

　　每一個社會都會依循自己的歷史、文化傳承與社會變革來

發展自己的文明價值觀與法律制度，而且不斷隨時代的演變所需而不斷演變，法律也一樣。殖民地時代遺留下來的法律概念、國家觀念與社會價值觀，不論在殖民地時代曾經是如何優越，若不與時俱進，而是僵硬一成不變地套用，必然適應不了新時代的需求。普通法的特點是在普通法體系下，法官不單塑造了我們的法律、同時也塑造了我們的價值觀念（Judges not only shape our law, they shape our value）。在中國主權下通過《基本法》實行「一國兩制」的香港特區，肩負塑造香港特區價值觀重任的法官們，必須走出殖民地時代的價值框框，非常小心地行使現行非殖民地法律體制，賦予他們那對香港社會法治與社會發展影響深遠的權力。

（原文發表於 2020 年 12 月 14 日）

別在香港夢話「光復」輕言「革命」

全國人大常委會在 2020 年 11 月 11 日通過《全國人大常委會關於香港特別行政區第六屆立法會繼續履行職責的決定》，授權香港特別行政區政府按全國人大常委所定標準取消不達標立法會議員的資格。

特區政府隨即宣佈，原於 9 月參選第七屆立法會選舉爭取連任，而被選舉主任以不擁護特區《基本法》和不效忠特區政府為理由，取消參選資格的 4 名以公民黨議員為主的續任議員，喪失議員資格。接着 15 名泛民反對派立法會議員亦隨即宣佈「總辭」作為抗議，聲稱退出議會，返回街頭抗爭。

然而，香港泛民第一大黨民主黨在 12 月的週年大會進行領導層改選，出任新黨主席的羅健熙在週年大會後卻表示，民主黨不會放棄議會戰線，換句話說就是很明確的暗示了不會放棄參與將來的立法會選舉，重返議會。

新任民主黨主席羅健熙是歷來最年輕的民主黨主席，本身也是南區區議會主席，是不折不扣的本土派，不久前他便曾在反對撥款海洋公園時說：「內地自由行旅客是鴉片」，把社區問題都歸咎內地旅客。但是當選民主黨主席後，被問及如何與本土派共處，他來了一個華麗轉身，他指希望能與本土派互相理解，但他

對合作不會抱太大期望。

同一時間，多位公民黨區議員亦陸續宣佈退出公民黨。無疑，《港區國安法》大大壓縮了被北京認為骨子裏反中親西方擁抱殖民統治、擁抱《中英聯合聲明》多於擁護《基本法》的公民黨的活動空間。

在必須無條件接受中國對香港特區擁有主權的議會戰線，與反中反內地傾向港獨的本土戰線之間，傳統泛民在兩者之間進退失據，過去幾年來一直被本土港獨派劫持，牽着鼻子走。羅健熙所說的不放棄議會戰線與不放棄與本土派合作，卻對與本土合作不抱太大期望，便是反映了傳統泛民進退兩難的窘境。這種進退兩難，顯示的更是不論是傳統泛民或者是激進的本土抗爭派與支持港獨的泛民政客，在過去幾年那些所謂「對準政權」的「民主抗爭」中不能解決的，便是對民主原則的最終理解與誠實地取捨。

一眾泛民政客與支持泛民的學者沒有弄清的是，在現今香港特區的政治環境下，以代議制為核心的西方自由民主（Western liberal democracy）到底是目標還只是達致良治（Good governance）的手段？

西方自由民主是目標還是手段？

1991 年前蘇聯瓦解，冷戰以西方民主陣營取勝告終。美國政治學者福山（Francis Fukuyama）宣告西方自由民主為人類的終極良治制度，20 多年來使世界把西方自由民主制度視為追求目標。過程中，一個又一個非西方自由民主政體的政權被推翻。但

甚麼才算是符合西方標準的民主政體？有沒有這樣的終極標準？

英國《經濟學人》雜誌在 2006 年開始發佈的全球各國民主指數，在 2019 年的報告列出 167 個國家及地區的民主指數。當中被列為完全民主（Full democracy）的只有 22 個，部分民主或有缺陷民主（Flawed democracy）的有 54 個，專制與民主之間的混合政權（Hybrid regime）有 37 個，餘下 54 個被列為專政政權（Authoritarian regime）。

在《經濟學人》的民主指數列表完全民主的，主要是五眼聯盟中的英國與前英殖民地國家如澳洲、加拿大、新西蘭及西歐國家，有趣的是美國、日本及南韓只是被列為部分民主或有缺陷民主國家，而香港特區與新加坡同為第 75 位，列為只是部分民主或有缺陷民主國家或地區的最末位。而被西方顏色革命成功更迭政權，號稱建立了民主政體的烏克蘭，僅列為民主與專制之間的混合政權。被列為專政政權的包括中國、俄羅斯、越南、委內瑞拉、埃及和伊朗等。

從《經濟學人》的列表可以看出所謂西方自由民主政體，即使以西方標準而言，其實有沒有最終目標指標，只有比較。有趣的是，作為西方民主老大的美國，在英國人的《經濟學人》眼中，也只是有缺陷的民主國家；而經顏色革命成功達致民主的政體，備受西方推崇的烏克蘭，也只被列為民主與專制之間的混合政權，比香港特區還要差。管治極為成功的新加坡，也只是與被西方評得一錢不值的香港特區同級，而被一眾港獨與泛民抗爭派推崇的台灣地區，在西方人眼中也只被列為部分民主地區。

連美國也只是有缺陷的民主政體，那要不要改進？並沒有

甚麼終極的民主目標，福山在前蘇聯解體的 20 年後，也承認了當年提出西方自由民主為最終良治的「歷史終結論」是妄下了判斷。而香港泛民政團與政客以至他們的支持者的盲點，便是以虛幻的西方自由民主為終極目標，追求一個沒有終極的民主目標，混淆了民主（Democracy）只是達致良治（Good governance）的手段而非目標，把沒有終極標準的民主變成了為他們心目中不明所以的所謂民主目標而迷失，甚至不擇手段。

因為民主只是達致良治的手段，所以民主必然有因時制宜的階段性差異不同程度的民主，與因地制宜的地域性差異不同方式的民主，以在某一時空與某一地區達致良治的目標。

達致良治可以有不同形式的民主。但過去 20 多年西方民主政治浮現出的問題叢生，以單一西方自由民主模式強加於政府被顏色革命推翻的地方，只見戰爭、混亂、經濟破落與人民流散的悲劇例子如烏克蘭、埃及和利比亞，比比皆是。

而弔詭的是，在現實國際政治中究竟甚麼是民主，便是由強權的、以美國為首的西方民主國家說了算。在當今以美國為首的西方民主國家，動輒以沒有終極目標的民主為藉口，掩蓋對別國進行顏色革命更迭政權，其實是西方國家奪取政治與經濟利益的手段。

被西方國家進行顏色革命干預的國家，常見的現象便是當這些國家由民主選舉選出了美國與西方國家接受的人選時，西方國家與它們的媒體便會高呼那是民主的勝利，即使那是專制與民主的並不民主的混合政權，甚至是專政政權；但當選舉結果不是美國與西方國家所期待的，西方國家與他們的媒體便會指責那是一場充滿舞弊的選舉，不管那是接近完全民主的部分民主政體還

是專制與民主混合政權，進而在這些國家挑動矛盾與不安。烏克蘭、委內瑞拉、以至最近的白俄羅斯，一個個這樣的例子，不斷重複地出現。

對在香港特區的大多數傳統中國人來說，3 000 年中國歷史告訴我們，最重要的是良治，而不是選票；是實實在在的和平與沒有恐懼和沒有匱乏地以自己選擇的方式生活，而不是譁眾取寵的政客描繪那些虛幻的偉大目標和美麗圖畫。

最重要的是良治，不是選票

對 3 000 年來沒有停止地追求良治的中國人來說，民主只是手段而不是目標，盲目追求單一模式的民主本身便是專制。推崇單一模式的民主，肯定是那些以之為牟取自己國家或個人利益的目標，單一模式的民主肯定不能是適合所有國家和可以為所有人利益而推行良治的手段。

香港泛民與他們的支持者最大的問題是，一方面他們以西方自由民主標準的民主為目標，而號稱以「民主抗爭」、「對準政權」對香港特區政府及香港的宗主國 —— 由西方以專制政權標籤的中國，進行不可緩和的鬥爭，但另一方面，他們本身便是參與一個他們認為是專制政權主導的政體下的非西方自由民主標準的代議政制遊戲的既得利益者。不解決這矛盾，他們只能成為最大的政治笑柄。

若西方標準自由民主是泛民的目標，那他們應繼續如以前一樣豪言絕不妥協，甚至以推翻非西方民主政體的北京政權或推動

港獨擺脫中國，以達至爭取他們心目中的西方自由民主。

然而窩囊的香港泛民政客便是陷入這種困境，他們知道若仍要有政治活動的空間，便必須加入他們口中與之勢不兩立的政體。若是這樣他們便必須弄清楚，他們在這他們認為是不民主政體中混下去的目標是甚麼？若是為了他們所說的「對準政權」推翻或改變這政體，他們是應該去進行武裝或非武裝革命，而不是加入這不民主政體，享受給他們一個月十萬元俸祿的體制給他們的位置。

他們說要不放棄議會戰線、加入這非完全民主的體制的理由，是要在議會內制衡建制派議員胡為，其實便是用行動接受了不論任何方式的民主，都只是達致良治的手段而不是目標。

號稱不放棄議會戰線的泛民反對派必須誠實一點，別再癡人說「對準政權」的夢話，也別再欺騙他們的支持者說不放棄議會戰線、不放棄爭取享受這政權發給的一個月十萬元俸祿，幾十萬元津貼，為的是「對準政權」。對不起，只要有一天仍坐在議會享受這政權的收入與津貼，他們沒有資格說這句話，說這句話只反映出他們的卑鄙與無恥。

別再妄想「對準政權」，在《港區國安法》的緊箍咒下，要推翻這政權是要準備坐牢或流亡海外的，他們準備好了沒有？乖乖地在體制內享受過百萬年薪為香港特區的良治而貢獻自己吧。他們可以也應該在議會內，老老實實地推動改革這並不完全民主的制度，但不要在香港夢話「光復」、在這時代輕言「革命」，更別再以不誠實的豪言壯語，妖言蠱惑香港的年輕人了。

（原文發表於 2021 年 1 月 1 日）

放棄小圈子選舉
中央強勢任命特首

眾多香港特區親建制媒體最近不斷發聲批評特首施政不力，引起了一些評論認為香港建制派正醞釀掀起一股反對特首林鄭月娥女士的風暴。

現任特首的任期將於 2022 年中屆滿，新一屆特首選舉將在一年後進行。當泛民反對派在《港區國安法》緊箍咒下失去動力時，有關現任特首會否爭取連任與新一任特首人選的猜測，成了建制陣營中各種力量的着力關注。

因 2019 年反修訂《逃犯條例》引發的大規模騷亂及港獨勢力的急速抬頭，導致中央政府全面介入支持特區政府應付香港內部反政府及干預香港特區的外部勢力，於 2020 年 7 月為香港制訂《港區國安法》及取消多名泛民立法會議員資格。建制派在泛民立法會議員總辭、支持泛民的勢力沉寂後，活躍批評特首，似乎並不是為 2022 年特首選舉鋪路，而是真的是對現行管治的不滿。對特區政府的猛烈批評，涉及的已不單是特首；建制派對現行制度下特區司法獨大、公務員為官怕事、因循苟且也表達不滿。

下任特首選舉將在 2022 年初舉行，距今只有一年多的時

間，相信不僅是香港建制派，北京也在盤算新一任特首的人選。小道消息也傳出，自從《港區國安法》出爐，香港政局與社會回歸穩定後，現任特首林鄭月娥女士，也由黑暴肆虐時束手無策的意興闌珊，回復到「好打得」的狀態，她有意競逐連任之說因而也甚囂塵上。

但觀乎過去兩年，林鄭政府在應對黑暴、港獨與各種本地與外國反中反特區勢力的表現，實在乏善足陳。以黑暴於 2019 年 7 月 1 日衝入立法會大肆破壞為例，林鄭政府遲遲不敢指出衝入立法會大肆作毀滅性破壞的黑暴分子為暴徒，相對於不久前同樣衝入美國國會只作輕微破壞的特朗普支持者，美國候任總統拜登第一時間便斥責為暴徒，並隨後指出這些行為為叛亂。特首林鄭月娥女士面對黑暴背後勢力的聲勢時表現的怯懦，間接導致後來黑暴勢力橫行。這種為官怕事、管治不力的責任是無可推卸的。

也許在風平浪靜時林鄭月娥女士的「好打得」可以把香港管治得很好，但現今香港內有仇共反中擁抱殖民統治媚外勢力搗亂，外有雙重標準的西方勢力指指點點。在這種複雜環境下，仍然由殖民地時代過渡的公務員當特首，並非香港人之福。

「沒有權威的權力是甚麼也沒有」（Power is nothing without authority）是長壽電視劇《皇室》（The Crown）其中一集，英女皇對首相戴卓爾夫人說的一句在網上流傳的熱話。

這句話也正好用來形容依現行香港特首選舉方式產生的特首。一個披上民主外衣及是經篩選候選人，由 1 200 名小圈子選民選出來的特首，先天性缺陷便是缺乏管治權威。這方式所產生的特首，存在着不能解決的權力來源矛盾。民主是被管治的廣大

民眾向民主選舉產生的政治領袖問責，小圈子民主產生的特首，只是被視為只向選他們出來的一小撮特權人士負責。

沒有通過普選的授權（mandate），手握廣泛權力又如何？結果是在700萬沒有選票的市民中得不到支持，特首本人也因此在決策與執行決策時諸多顧慮。過去中央政府稱對特區擁有全面管治權，只是口說不做。但在中央政府過去兩年通過一連串行動在香港落實執行全面管治後，北京政府實在有必要考慮究竟香港特首還要不要通過這個被萬千人詬病的小圈子選舉產生。這小圈子選舉的存在與意圖把它改革，在過去接近十年引來不同政治力量愈來愈激烈的角力，導致社會撕裂與持續不安。

只有1 200名特權選民的小圈子選舉，即使結果是在1 200人中取得1 000票高票獲選特首，仍是須面對同樣的指責的特首。沒有公眾授權、沒有認受性，因而沒有管治權威。

能賦予公眾授權的特首普選政改方案，於2015年在泛民反對派的阻撓下無法通過。在目前沒法通過立法推行普選特首的環境下，北京政府必須認真考慮，是否仍然要在2022年繼續這種只帶來指責、爭議與社會不安，沒有認受性，也產生不了具管治權威特首的小圈子選舉。

殖民地時代港督由英女皇委派，代表皇室（The Crown）管治香港，到港後一言九鼎誰也不賣賬。殖民地政府作為一個外來政權的港督的管治權威來自英皇室的授權。特區時代特首在目前的小圈子選舉制度產生，要賣賬的是小圈子的政治與經濟既得利益羣。小圈子選舉，既非普羅市民授權也非國家政權授權，這樣產生的特首，沒有管治權威擺平特權小圈子與700萬沒有選票市民

之間的矛盾。在目前內外交迫的複雜環境下，特區必須有一個具備管治權威、超越沒有認受性的小圈子選舉授權、不對小圈子利益集團也不對仇共反中媚外勢力賣賬的強勢特首。

《基本法》第四十五條規定特首可通過選舉或協商產生，由中央人民政府任命。如日前全國政協副主席前特首梁振英先生說，這也是確認到香港特區並非主權國家、中英雙方在簽署的《中英聯合聲明》列明 1997 年後香港的憲制安排。

中央已對香港特區行使全面管治權，必須通過具有管治權威的特首體現。作為地方政府首長，特首的管治權威須來自強大的國家政權的授權（mandate）。也許 2022 年特首任命，需要的是放棄備受詬病形式化、沒有認受性的小圈子選舉，依《基本法》規定把重點放回協商推舉、中央政府任命，才可以產生具備充分授權（sufficient mandate）與管治權威的特區政府首長，抗拒外國勢力的指指點點，對內排除反中反特區媚外勢力的干擾，強勢領導特區政府，推行社會經濟與民生政策，造福香港。

（原文發表於 2021 年 1 月 25 日）

篇後記：

在 2016 年我發表了一篇名為〈沉默的螺旋〉的文章，前特首全國政協副主席董建華先生看了我的文章後找到了我，之後每年他都會邀我與他小聚面談香港時局。在 2020 年 12 月初，董先生約我見面，談到末段他問我對一年多後便要來臨的特首選舉的看法。我很坦白的對他說不要選了，按《基

本法》規定協商產生好了。我給董先生的理由是以目前的方式無論怎樣選也會被詬病為假民主小圈子選舉，而過程中帶來支持政府各方的撕裂已有先例。與董先生見面後我寫了這篇文章給《亞洲週刊》，在等候版面刊出期間，前特首全國政協副主席梁振英先生差不多在同一時間，公開表達了《基本法》規定協商產生特首也是香港憲制安排下的選項。在通過《完善選舉制度安排》立法後，極高的提名門檻，變相把特首選舉提前到提名階段特首候選人的產生，便必須通過類似協商的方式產生，那其實與協商產生特首無異。編輯這冊書時，原本社會上應是鬧哄哄的特首選舉話題變成不尋常的沉寂。提名期開始後幾天現任政務司司長宣佈辭職參選特首，便立刻得到差不多是政圈與財閥的全面支持；反映出的是《基本法》規定的選舉只是形式，新一屆特首的產生早已幕後協商定案，放到台前的選舉只是走完《基本法》規定的程序。

國籍、居留權與
居民政治權利的撥亂反正

　　針對中國全國人大常委會於 2020 年 6 月底為香港制訂《港區國安法》，英國政府於 2020 年 7 月宣佈為香港英國國民（海外）護照（簡稱 BNO）持有人及其家屬提供入境後五年居留權，並容許居留期間可以在英國就業及就讀。五年居留期滿後可以申請入籍英國，成為英國公民。

　　英國這一計劃非常寬鬆。有資格申請的港人除了持有有效或過期的 BNO 人士外，亦包括有權可以申請 BNO 的人士，亦即在 1997 年香港特區主權回歸中國前在香港出生、本身沒有 BNO、但父或母為持有 BNO 人士。這類港人估計超過三百萬。

　　英國這一計劃，變相是以近乎沒有篩選的移民計劃吸納大數量的香港居民移民往英國。表面上是為《港區國安法》執行後，不喜歡留在香港的 BNO 持有人或有權申請 BNO 的人提供離港後門。實質上就如一些評論指出，隨英國脫離歐盟後，切斷了來自歐洲的無邊境控制投資及來自東歐的廉價勞動力，吸納港人及其資金正好幫助填補了這方面的空缺。

　　事實上通過正常移民渠道移民英國非常困難，而英國國籍與

居留權從來都是英國政府為本國利益在決策層面上的政治操作。以政治理由為其他地方人士提供「避難」的居留權，對英國來說永遠離不開英國本身國家利益的政治考慮。

BNO 的歷史

根據 1948 年的英國國籍法，在 1983 年前英國及英國殖民地的公民均能自由進出英國，並有權在英國居留。1981 年英國國籍法生效前，在香港地區出生或歸化英籍的香港居民，均為聯合王國及殖民地公民（Citizen of the United Kingdom and Colonies），可以申領聯合王國及殖民地公民護照（簡稱 CUKC 護照）。在香港地區的 CUKC 護照持有人雖然不居於英國本土，但因為是英國公民所以有權往英國本土居留。

1979 年已故前港督麥理浩勳爵（Lord Murray MacLehose）應邀訪問北京，從與鄧小平的會面中，得悉中國政府堅決在 1997 年收回香港主權。麥理浩回港後，便第一時間回英國向英國政府匯報。英國政府旋即於 1981 年制訂新的英國國籍法，把以前的聯合王國及殖民地公民中，居於英國本土以外的英國公民及在 1981 國籍法生效後在殖民地出生的人的身份改為英國屬土公民，並在 1983 年起向英國屬土公民發出英國屬土公民護照（British Dependent Territories Citizen，亦即 BDTC）。幾年後更乾脆把所有英國本土外的英籍人士稱為英國海外國民，亦即英國國民（海外）（British National (Overseas)），並且向不居於英國本土的英國國民（海外）發出英國國民（海外）護照，亦即 BNO 取代了

BDTC。BNO 持有人只是英國海外國民（National）不是英國公民（Citizen），因此並不再擁有在英國本土的居留權。殖民時代居於殖民地香港的英國公民，便是這樣通過英國政府操作國籍法，身份由居於殖民地的英國公民，變為英國屬土公民，再由英國屬土公民變為不三不四的英國海外國民。

值得注意的是，1981 年的英國國籍法適用的不單是香港地區，也適用於除了直布羅陀（Gibraltar）及福克蘭羣島（Falkland Islands）外的所有英國殖民地居住的英國公民。但後來在 2002 年英國修訂 1981 年的國籍法顯示，除香港地區外的其他英國殖民地人口不足 30 萬。明顯地，英國 1981 年國籍法對英國本土外殖民地英國公民身份的修改，便是針對當時居於香港地區的 300 萬聯合王國及殖民地公民，阻止他們湧往英國居留。

國籍與居留權從來都是敏感的議題。在 1997 年 7 月 1 日前的香港地區，除了持 CUKC 護照的聯合王國及殖民地公民或後來持 BNO 的英國海外國民和來自其他國家持其他國家護照的國民外，對佔人口大多數的不持有任何國家護照的本地華人來說，由於香港宗主國並非中國，所以他們不是中國公民，不能申請中國護照。

這些既非聯合王國及殖民地公民也非英國海外國民，亦非中國公民的幾百萬華人，持有的旅行證件只是由殖民地政府發出的身份證明書（Certificate of Identity）。身份證明書只註明持有人擁有香港永久居民身份證、擁有香港居留權，並註明持有人在海外不受英領事保護和註明若持有人獲取任何國家護照，其身份證明書便註銷，亦即表示持有身份證明書的香港居民，在英國政府

眼中是無國籍人士。

因此在香港主權回歸中國前，香港除少數持有有效外國護照的居民外，大多數港人或是作為英國海外國民持有 BNO、或是持有象徵為無國籍人士的身份證明書。而兩者持有人的共通點是均不享有英國居留權，但享有香港居留權。

持 BNO 的香港居民，連同殖民地時代無國籍的香港中國居民，在香港主權回歸中國，香港的宗主國由英國變為中國後成為中國公民。雖然中國《國籍法》不承認雙重國籍，但中國政府對香港地區中國居民持有沒有英國居留權與賦予英國公民身份的 BNO，採取的是比較寬鬆及照顧香港特殊實際情況的政策，因此並沒有在香港主權回歸中國後不接受香港居民持有 BNO，而視 BNO 僅僅為旅遊證件，不將之視為有國籍與公民意義的身份證明文件。

有趣的是在香港主權回歸中國的同時，英國政府同意對在 1997 年後在香港地區無其他國籍的 BNO 持有人或非華裔無國籍人士，授予英國公民權。變相給予幾萬名在香港地區並不持有南亞國籍的南亞人士包括印度、巴基斯坦、孟加拉和尼泊爾人英國公民身份，擁有英國居留權。

同時，英國亦在 2002 年修訂 1981 年的國籍法，把 1981 年英國國籍法剝奪了的聯合王國及殖民地公民身份，重新賦予英國尚餘的 14 個人口稀少的英國海外屬地的英國海外國民；通過 2002 年的國籍法修訂，賦予這 14 個英國海外屬地、不足 30 萬的英國海外國民英國公民身份及連帶的英國公民權利。

居留權是涉及國家利益的政治問題

1997 年的英國政府在確保 300 多萬的香港中國居民沒法到英國居留後，立即給予幾萬名香港南亞裔居民英國公民身份，以及在 2002 年恢復其他殖民地子民的公民身份，充分說明國籍與居留權問題永遠是涉及國家利益的政治問題，特別是國內移民政策延伸的政治問題。1997 年前後英國政府操作本國的國籍法，目的便是為了阻止原有權居英的 300 多萬香港華裔英籍人士，行使他們的居英權湧到英國。

英國政府新的香港 BNO 持有人居英權 + 申請入籍計劃，潛在的可能是通過計劃把超過 300 萬的香港華人賦予英國公民身份。變相把這些人更改為實質擁有中國公民與英國公民身份的雙重國籍人士。這是中國《國籍法》所不容許的。因此近月香港建制派人士發出強烈呼聲，要求中央政府重新檢視香港中國公民的國籍問題，嚴格按《國籍法》處理雙重國籍。亦有消息傳出中央政府可能制訂措施，處理香港特區中國公民同時持 BNO 賦予國籍及居留權的問題，要求這些欲離港行使居英權人士只能二選一，亦即只能選擇當中國公民享居港權或當享居英權的英國公民，在二者中選其一。

亦即是說，由於英國政府變更香港 BNO 持有人的居留權利，從而把 BNO 持有人身份由不具有英國本土居留權的海外國民身份變為英國公民，這種改變促使中國政府不再視 BNO 僅僅為旅遊證件，而是有實質公民身份與居留權的身份證明文件。

在現行中國《國籍法》不承認雙重國籍的框架下，這種二選

一的要求完全合理。事實上香港特區在國籍、居留權與雙重國籍問題上的混沌含糊狀態，過去 20 多年在不知不覺間，已為香港地區帶來不為人留意的傷害。

國家效忠與公民權利的行使，從來是嚴肅而且是互相相扣、互為因果的。香港目前的問題是《基本法》下，雖然訂明了中國公民的定義，但在《基本法》的規定中，正常憲法下賦予公民的絕大部分憲制性權利並沒有排他性地與公民身份掛上鈎。反之，絕大部分《基本法》賦予的憲制性權利，均賦予了所有香港永久居民而非香港的中國公民。眾所周知，香港永久居民包含了在香港的中國公民，也包括了在香港擁有香港永久居留權的外籍人士。

根據 2016 年中期人口統計，在 2016 年香港的非華裔居民有 584 383 人。佔香港人口的 8%，但值得注意的是從 2006 年至 2016 年，非華裔居民增加了 70%，近年來亦不斷在增加。在 2016 年這 584 383 人非華裔居民中，最大羣體的印尼人及菲律賓人，共佔差不多 34 萬人，大部分在香港從事家庭僱工，並不享有永久居留權；餘下的 24 萬人中，屬於永久居民的，主要是南亞裔人士及一些長居香港的以白人為主的英國人、美國人及歐洲人，數字也並不龐大。

但是在香港歸類為外國國籍人士的最大羣體，不是非華裔人士，而是持有外國公民身份的華裔永久居民，這些華人包括移民外國持外國護照回流香港的香港居民，以及他們在外國或在香港出生、持外國護照及公民身份的子女。據不完整的統計，這類港人數目估計高達 50 萬（單是加拿大一國已有 30 萬公民在香港）。

在任何社會，若有某一享有同等公民權利的少數族羣人數高達該地方人口總數的 10%，對當地的社會發展與政治生態，足以產生可以感受到的影響。以政治領袖的選舉或政治議題的全民投票來說，幾個百分點的人口足以改變選舉或全民投票的結果。在香港吊詭的是非中國籍永久居民，除了不能出任香港特區行政長官及主要官員和出任立法會議員有人數限制外，其他所有政治權利包括出任各級議會議員、選舉投票與被選權、出任政府官員、受聘為公務員、加入執法部門、擔任法官及司法機構人員等權利，均與香港中國公民沒有分別。

這樣的安排，可以說在世界別的地方是完全沒有的。

英國給予持有 BNO 的香港華人居英權及英國公民身份，其目的及長遠的客觀效果，是要把超過 300 萬華裔永久居民改變為英國公民效忠英國。一個地方的長住人口的國籍與國家效忠，特別是那些身居要位人士的國籍與國家效忠，影響到這地方的政府施政方向。可以想像的是如果一個地方，有高達一半的常住永久居民人口並非本國公民，這一半常住永久居民效忠對象並非本國，但卻享有與本國公民同等的政治權利，可以對本國政府指指點點，那對於這個地方的宗主國來說，那將是怎樣的令人坐立不安？

歷史上新加坡在 1963 年加入馬來聯邦組成馬來西亞聯邦，卻在兩年後被迫退出馬來西亞聯邦便是很好的例子。在 1963 年新加坡加入馬來聯邦時，三成多的馬來聯邦人口是華人，人口中佔 75% 是華人的新加坡加入後，馬來西亞人口組成變成了接近一半是華人。馬來西亞立國的馬來人本位與馬來人優先政策，

在 1963 年到 1965 年間引發了持續的種族緊張和不斷的種族衝突，龐大的華人族羣也令當時馬來西亞總理東姑阿都拉曼（Tunku Abdul Rahman）坐立不安，因而在 1965 年強迫以華人人口為主的新加坡脫離馬來西亞聯邦。1965 年 8 月新加坡首任總理李光耀被迫含淚帶領新加坡走上獨立之路。

英國政府借全國人大常委會為香港制訂《港區國安法》為突破口，企圖以賦予香港 BNO 持有人英國居留權及英國公民身份，大幅度改變香港永久居民的國籍結構，搞動大數量香港華裔永久居民的國家效忠，通過他們在香港特區可以行使的完全的政治權利，影響香港特區的政治與社會發展，甚而在香港華人社會中藉不同國家效忠差異製造族羣分野、引發族羣衝突；進一步為將來借保護在香港大批永久居留的華人英國公民權利為理由，插手香港事務埋下伏線。英國的做法可以說是深謀遠慮、心懷不軌。中國政府警惕提防，甚而制訂政策反制，是理所當然，也是必須的。

（原文發表於 2021 年 2 月 1 日）

英政客執掌香港大律師公會

　　年初上任的香港大律師公會新主席夏博義（Paul Harris）被揭發為原定居英國，並且是英國自由民主黨成員，原任英國牛津市市議會議員。經原香港大律師公會主席戴啟思（Philip Dykes）鼓勵搬到香港執業大律師，並旋即被推上公會主席之位。據夏博義自己說，他是直至獲提名參選香港大律師公會主席前才辭去牛津市議員職位。他在參選時並無公開個人政治背景，包括他身為英國自由民主黨成員及牛津市議員。

　　夏博義上任大律師公會主席後，便立即長篇幅地批評《港區國安法》及對香港警方依該法拘捕 53 名包括本地政界的涉嫌違法人士，作出法律範疇以外的政治性評論，指有關拘捕是「對民主運動的蓄意恐嚇」（deliberate intimidation of the democratic movement）。對香港特區如此重要的法律，一個剛辭任外國市議會議員的外國政客，竟能以本地大律師公會主席身份作出評論，已是荒謬；而作為外國政客，卻以本地法律專業團體代表身份對香港警隊作政治性指控，簡直是荒謬之極。任何主權國家也不會容許一個外國政客在本國國土內執掌本地法律專業團體，對本地法律指指點點，對本地執法人員執法行動作政治攻擊。若發生在夏博義本人的祖國——英國，對這樣荒謬的事情必然提升到國

家安全層面處理。

夏博義作為一個外國政客披上香港大律師公會主席外衣後，可以自由地長篇大論批評《港區國安法》、對香港警隊作出無理的政治性批評。但就被揭發身為英國自由民主黨成員及牛津市市議會議員，並且在競選大律師公會主席時沒有申報一事，只是簡單說一句大律師公會主席選舉沒有要求參選人作出政治聯繫申報，以及說在被提名參選時，大律師公會已知他是英國自由民主黨黨員及曾任牛津市議員，更厚顏地說他這身份與擔任香港大律師公會主席的身份並無衝突。

夏博義這種回答方式是大律師一貫的強辯手法，迴避了核心問題。第一，他參選提名時並無公開申報他在英國的政治聯繫，多位本地知名大律師已公開稱在夏博義參選時，並不知道他的英國自由民主黨黨員及牛津市市議會議員身份。第二，他以大律師公會主席選舉沒有要求申報他的政治背景為理由，迴避了對他故意隱藏他與外國政黨有緊密聯繫的指責，事後仍厚顏理直氣壯。那種下三濫的狡辯手法，顯然並非作為大律師特別是大律師公會主席應有的君子行為。

香港一小撮熱衷政治的大律師，甚而大律師公會，在過去面對香港社會上其他團體成員同樣的隱藏身份不作申報，肯定口誅筆伐。但對於自己這種令人不齒的可惡行徑，表現出來的卻是包庇噤聲，希望蒙混過去。在旁人看來，是名副其實雙重標準的偽君子行為。

香港特區的大律師就如香港的法官一樣，一直認為香港對他們正直無私、持正不阿的無條件信任是理所當然的，但這種信任

已因一小撮熱衷政治多於法律的大律師的政治化作風而改變。不論在法庭裏或者社會上，這小撮大律師的偏頗雙重標準政治化言論日復一日地出現，已使香港市民看清楚了他們挾洋自重、崇洋媚外、骨子裏看不起中國人的洋奴心態。因此更多的市民對大律師的無條件信任隨之而煙消雲散，換來的是不再會無條件地相信現在大律師公會所作的每一件事情、說的每一句話，他們的雄辯滔滔在市民心目中也不再有權威。香港市民會細心分析他們的言論，對他們的歪理也會毫不客氣地批評。因此，香港大律師公會在很多香港市民心目中，就如同香港記者協會一樣，成了一個充滿爭議的論政政治團體，而非專業團體。

網上資料顯示，香港大律師公會是依照香港法例第一百五十一章《社團條例》成立的註冊社團。港英殖民地時代遺留下來的《社團條例》第八條清楚訂明，如社團事務主任合理地相信任何社團是政治性團體，並與外國或台灣政治性組織有聯繫，可建議保安局局長命令禁止該社團繼續運作。

觀察大律師公會個別核心成員在過去幾年，掛着該公會核心成員名銜發表的言論，其實已把大律師公會推上成為與政治團體無異的位置。現在選了一個英國政黨成員與英國政黨有聯繫的主席，繼續對特區政治層面事務上說三道四製造政治噪音，特區政府實在有必要依港英殖民地時代遺留下來的《社團條例》規定，檢視大律師公會這位與外國政黨有聯繫的核心成員每一次作出的政治性評論、這位核心成員與外國政治團體的政治聯繫關係，是否會構成《社團條例》所涵蓋的本地政治團體與外國政治性組織有聯繫的關係。

大律師是香港社會的精英，人才濟濟，向來閉門自重，嚴限英國的大律師來香港執業爭他們的飯碗，外地律師也極少能通過他們的考試當上香港大律師。代表他們的公會竟然一反一貫作風，捨近圖遠找來一個英國政客領導他們的公會，讓人不禁疑問，這些本地精英究竟在想甚麼？

　　香港律師會在去年已明確表示，香港律師會是一個非政治性（apolitical）組織。香港市民希望見到的是那些受人尊敬的專業團體，都是真正專業的專業團體，而非被部分人利用為仗賴外國政治力量在香港製造政治噪音的論政政團。只有這樣才能減少崇洋媚外、挾洋自重的政治噪音，還香港市民一個安寧的環境。

（原文發表於 2021 年 2 月 23 日）

民主黨會「屈辱」參選嗎？

根據全國人大於 2021 年公佈的《決定》，香港特區政府向立法會提交了《二零二一年完善選舉制度（綜合修訂）條例》草案，如無意外相信會在 6 月前通過。

《完善選舉制度條例》主要體現中央政府在香港特區實行「一國兩制」的初衷：兩制中維護一國的「愛國者治港」；配合《港區國安法》制止鼓吹港獨政客與偽學者劫持泛民反對派，借黑暴肆虐意圖通過操控選舉癱瘓特區政府。

《完善選舉制度條例》在涉及立法會選舉的安排中，擴大立法會議席從 70 席增至 90 席；同時把直選議席從 35 席減少到 20 席。取消了利於小政團當選的多議席單票的比例代表制，改為全港分十區，每區兩席以雙議席單票制選出。這樣的安排有利於具實力的大黨，基本上封殺了小眾鼓吹港獨與本土自治小政團進入立法會之途。

《完善選舉制度條例》同時設立選舉委員會，將高達 40 個立法會議席交由經篩選被認為是愛國者的 1 500 位選舉委員組成的選舉委員會產生；而功能組別則由修例前的 35 席減少至 30 席。

從《完善選舉制度條例》規定的立法會組成與產生，可以看出一直在分區直選中佔優的泛民反對派的參政空間已大大被

壓縮。

在差不多與人大作出《決定》的同時，特區法院把 53 名被指違反《港區國安法》被捕獲准保釋的泛民反對派骨幹提早提堂，並即時檢控，旋即大部分還押不准保釋。

被還押的除了民主黨剛卸任主席胡志偉外，也包括了四名公民黨骨幹。值得留意的是除了扎根香港達 30 年的民主黨外，在立法會的最大泛民政黨 —— 公民黨，一直壯志豪言要為香港高度自治義無反顧付出。但四位公民黨成員包括三位立法會議員楊岳橋、郭家麒和譚文豪在被檢控還押後，為求獲保釋，便立即退出公民黨，並明言以後不再參政議政。而另一位公民黨立法會議員法律界的郭榮鏗，更早於 2020 年 11 月便秘密離開香港，回到他原屬的加拿大，申請恢復加拿大國籍。同一時期，陸陸續續亦不斷有公民黨的區議員退出公民黨。

從公民黨這些議員的表現，說他們是真心為香港，還會有人相信嗎？如此窩囊，說明了他們只是一羣政治上挾洋自重，希望騎上港獨與本土自治順風車的機會主義者。公民黨的表現可說是自絕於港人，自絕了在香港特區參政的空間。

民主黨又怎樣？除了是笑話一般以謊言出逃的許智峯外，民主黨至今並沒有人，包括被還押不獲保釋的人退黨。但他們在《完善選舉制度條例》安排下有參選的空間嗎？他們會有在新安排下參選的意願嗎？

在泛民反對派全面潰敗，建制派沒有阻礙地主導立法會時，已有人提出「忠誠廢物論」。無疑，健康的民主制度必須存在健康的反對力量。如果在立法會存在的只是大量寄生在制度賦予生

存優勢的廢物，實有違中央政府完善香港民主制度的原意。

不久前，前民主黨主席劉慧卿說在《完善選舉制度條例》安排下參選，要民主派獲得建制派人士提名才能參選是一種「屈辱」，而且若大部分市民不贊成，民主黨強行參選，便等同自殺。

目前民主黨對於是否參與新制度下的立法會選舉仍未有定案。一些人認為作為香港泛民大黨，不參選是自毀前程。但亦有人認為逆民意參選，亦只會鎩羽而歸。目前民主黨的決策層便正處於這兩難局面。

但有一點可以肯定的，假如民主黨參與《完善選舉制度條例》安排下的立法會選舉，將會是與激進港獨與本土自決派的無言決裂。其實 2020 年年底，新上任民主黨主席羅健熙已說過，他對與本土派合作不會抱有太大期望；他更說不應該輕易放棄已縮窄了的議會戰線。羅健熙半年前的說法，無疑是為民主黨與港獨本土派分道揚鑣埋下了伏線。

殖民地時代成立的民主黨以至其前身「香港民主同盟」支持香港民主回歸中國，創黨初衷便是參政。創黨時，一些創黨元老豪言要在野 30 年而最終成為香港的執政黨。那是作為政黨正常的想法。因此若僅僅因為《完善選舉制度條例》的安排不合意，便連放下身段妥協參選也不考慮，那並不是作為一個成熟政黨應有的想法。事實上，正是因為各泛民政黨在過去幾年那種幼稚的不肯妥協，才導致今天他們民主參政空間收窄的惡果。

民主黨創黨元老、已故司徒華曾多次說過，「選舉是政黨的生命」。事實也如此，不參與選舉，政黨就沒有生命，也沒有了存在的價值。

今天民主黨對是否參選的猶豫並不是因為「屈辱」，也不是「民意」的考慮。民主黨需要的是如同在殖民地時代一樣，在他們並不滿意的政治體制下，以忍辱負重的妥協胸襟在體制內引領民意前行的勇氣，而不是躲在「民意」後裹足不前。

也許民主黨參選與否，重要的考慮是如何與堅決不參選也無可能參選的港獨本土自治和挾洋自重的戀殖勢力理直氣壯地徹底分手。解決不了這死結，民主黨只能永遠在這死結捆綁的死胡同裏走不出來，又或倒退到如幫派社團般，永遠對那些曾稱兄道弟的港獨本土自治與戀殖勢力充滿不必要的背叛愧疚。

（原文發表於 2021 年 5 月 31 日）

當大律師變身政客

　　根據美國杜克大學（Duke University）法律學院在 2017 年發表的一項研究，美國民事訴訟案件通過審訊結案的在 1938 年時有 20%，但這數字在過去大半個世紀一直在下跌，1962 年通過審訊達致裁決的民事訴訟案件跌至 12%，而 40 年後進入 21 世紀，美國民事案件最終經審訊結案的只有 2%。

　　換句話說，今天美國超過九成半的民事案件是通過審訊前訴訟雙方協商解決的。當中原因與美國司法制度容許訴訟方與其代表律師訂立訴訟得益分成安排有關。在中國國內，律師與客戶訂立訴訟得益分成稱為風險代理。風險代理一般是律師在接受客戶委託時與客戶簽定協議，訂明代表律師在客戶的訴訟得益中，分取得益的一個百分比。若訴訟失敗沒有得益，客戶不用付律師費，敗訴時客戶應付給代表律師費的費用風險由代表律師承擔。

　　這樣的安排鼓勵了律師盡快完結受委託的案件，盡快獲取訴訟收益收成的百分比。因此一些比較明顯的案件，如佔美國民事案件逾半的交通意外索償，一般都會通過審前協商定出賠償金額，盡快解決，律師也可以盡快收到風險代理的酬金。

　　反觀香港特區不容許風險代理，律師大律師一般按時收費。香港訴訟近二十年來的現象是事務律師（Solicitor）不再如二、

三十年前般，很多裁判法院與地方法院的官司都親自上庭，而改為即使是小案件也委託大律師（Barrister 或稱訟務律師）處理。這造成了一些資深大律師通過按時收費，對一些明顯可以審前通過協商解決的小案件，也在審前文書階段製造大量文書工序，到了開審法庭門口才游說客戶與對方和解，通過這樣謀取最大額的大律師收費。

而一些大案件的大律師收費最多的是開庭，因此香港比較矚目的民事案件中，資深大律師出庭一天收費動輒二、三十萬港元（約 25 000 至 40 000 美元），並不罕見。

以前一些事務律師為省卻高昂的香港大律師收費，會委託英國大律師處理訴訟。但每當申請這些收費只是香港大律師一半甚至三分之一的英國大律師到香港出庭時，除非是社會關注的如龔如心遺產案那類大案件，香港大律師公會必然反對、封殺。

大律師這種高度小圈子專利，使香港大部分不合資格獲取法援的中產若遇上官非，根本沒有可能負擔昂貴的律師費。一場民事官司動輒花上幾十萬到過百萬，試問當社會上九成的人都負擔不起一場民事官司的律師費時，這社會還有法律公義嗎？

香港立法會的法律界代表一直由大律師把持，這些代表從來沒有提出過討論香港司法制度中一些資深大律師的高昂收費。據聞曾有一位大律師代表一間銀行的訴訟，一天出庭費用可以高達 80 萬元，試問世界上哪裏有如這樣的一些香港資深大律師常常掛在口邊的、高尚的、但昂貴得社會上超過九成半的人都負擔不起的法律與社會公義？

這些對社會事務最高聲表達高尚社會公義意見的一些收費

高昂的資深大律師，20多年前賺夠了錢，開始進入香港政壇，伴隨他們的一些同具大律師資格的法律學者也對香港政治不斷發聲。他們把那種「不妥協官司打到底的」處事方式帶進了政壇，結果是怎樣？

2010年，以大律師為骨幹的公民黨反對一個妥協的政改方案。雖然反對失敗了，卻引發一眾被他們影響不肯妥協的政團，對當時願意妥協達成2010年政改方案的民主黨進行猛烈無情的惡毒攻擊。

大律師在社會上有崇高地位，特別是一些天天把社會公義掛在口邊的資深大律師，對年輕人有很強的感染力。2015年，另一次涉及特首選舉與立法會全面普選路線圖的政改。具大律師身份的大學講師戴耀廷通過2014年「佔中」，把大律師政客「不妥協官司打到底不全勝不罷休」的取向，灌輸給年輕學生，劫持其他政黨，往死胡同鑽，拒絕接受不完美的特首選舉政改方案，但同時也扼殺了原本可以達致立法會全面普選的路線圖。

大律師接了案件打官司不會認錯退讓，只有終審判決他錯了，他才會接受自己錯了；但政治不是這樣，政治從來便充滿適時的退讓與妥協。

大律師的另一特點是他們對待案件是一件歸一件，一件官司打贏了便贏了、輸了便輸了。不用考慮其他，也不用考慮後續；官司贏了在客戶面前威風一番，官司輸了後續事項由事務律師向客戶交代。但政治不是這樣，政治的考慮是瞻前顧後。

以打官司的態度從政，單看一次政改方案是否完美全贏可以接受，而不考慮接受不完美而妥協，並非從政之道，而且可以帶

來災難性的後果。就如 2015 年的政改方案，如果當時接受了，今天討論的已經是由香港人商議如何達致立法會議員全面普選產生的路線圖，而不是在哀嘆全國人大今年初為香港作《決定》制訂《完善選舉制度條例》，由北京主導收窄了公眾民主參與的政改。

如同那兩位口出荒誕狂言說「有案底令人生更精彩」和「暴力有時候或可解決問題」誤導年輕人的公民黨黨魁資深大律師，實在不適合也不應該在香港政壇混，他們還是專注賺取高昂收費好了。他們的高昂收費只影響他們的客戶；但他們帶上那種傲慢、不妥協、不理會後果、以代表刑事案被告客戶為暴力與違法行為辯護的態度進入香港政壇，並且主導在野反對派的從政思維，事實證明只會給香港特區帶來災難。

（原文發表於 2021 年 7 月 5 日）

篇後記：

口出狂言「暴力有時候或可解決問題」的公民黨黨魁資深大律師梁家傑，在《港區國安法》出爐後，窩囊的說要「睇住條 law 來做」。離不開的是狀棍本色，這樣的人當一個信口開河的政客只會誤導無數年輕人，怎可能是一個如他自己曾說是着眼於下一代的政治家。

憶 1977 年港大學生會聲明，
當年底線今何在？

對於 2021 年 7 月 1 日一宗孤狼式恐怖襲擊，兇徒意圖用刀刺殺一名當值警員後當場自殺一事，香港大學學生會評議會，以 30 票贊成、2 票棄權、無反對票通過「感激」這位「孤狼」兇徒。並對這名兇徒「深切悼念」，感激兇徒為香港作出的犧牲，對兇徒的家人和朋友表示同情和慰問。港大學生會評議會還為這位意圖殺警然後自殺的兇徒默哀一分鐘。

港大學生會評議會的決議，引發社會廣泛且強烈的批評。香港大學校方亦第一時間強烈譴責有關港大同學，以港大學生會名義美化暴力襲擊，並以「犧牲」形容涉襲警後的自殺行為，為社會帶來錯誤信息。

香港大學校方隨後更表示，港大學生會評議會美化暴力的嚴重不當行為，挑戰香港社會道德底線，損害港大聲譽，因而宣佈不再承認港大學生會現在在校內的角色。

香港大學校方不承認港大學生會在香港大學校內的角色，等同不承認港大學生會代表香港大學 2 萬多名同學，亦即表示在現有大學建制內學生會委派代表參與的機制，亦不再獲得香港大學

承認。

香港大學宣佈不再承認港大學生會在校內建制內的角色，引來一些程序上的批評，指出香港大學校方無權單方宣佈終止現有憲制上，港大學生代表參與香港大學各階層管治架構的建制安排。

但即便如此，香港大學涉及有違《香港大學條例》下《香港大學規程》現有架構安排的宣佈，並沒有引起香港社會的廣泛批評。其中十分重要的原因是香港大學內一小撮劫持港大學生會鼓吹港獨，到最近美化暴力，一而再再而三有違人性人倫與任何可接受的道德底線，已引起社會公憤。他們被剝奪在港大建制內的權力，沒有正常和還有正義感的人為他們發聲，是理所當然的。

其實港大學生會在香港大學建制中一直有非常重要的地位。雖然學生會作為學生代表，在爭取學生權益中會與港大校方有衝突，在公眾事務討論中會與港大有不同立場，但傳統上港大學生會是香港大學校方的合作夥伴，而非鬥爭對象。

我在 1975 年進入香港大學，參與了在 1976 年港大學生會歷史上最激烈的幹事會選舉。當年港大有 4 000 個學生，有 2 000多人投票，我僅以 20 多票勝了對手，當選 1976 年的學生會幹事會幹事。接下來的一年，在 1977 年，我在因對中國內地取態不同而兩派學生嚴重分裂的評議會中，在沒有對手、沒有反對聲音下當選了港大學生會 1977 年的評議會主席。

1977 年，我任港大評議會議主席，我記憶最深刻的有兩件事。第一件是我上任評議會主席主持評議會會議，每次會議進行六小時便宣佈休會。切斷和終結了上屆評議會會議中兩派政治觀

點不同的同學沒完沒了、動輒進行十個多小時的政治爭論。那些激烈的政治爭論曾經有一次會議長達連續 23 個小時。

第二件我記得最深刻的事是涉及發生在 1977 年的警廉衝突。時任港督已故麥理浩爵士來香港上任後，在 1974 年開始全力肅貪，特別針對警務人員的貪污。雷厲風行的反貪，引致被認為積重難返的部分警務人員人心惶惶。1977 年 10 月，過百名警員暴力衝擊廉政公署執行處，大肆破壞搗亂，並引致廉署人員受傷。一小撮警務人員的行為引起社會廣泛關注和嚴厲譴責。

當年港大校長黃麗松博士在警廉衝突發生後，約見當時的港大學生會會長、副會長及作為評議會主席的我。會議中黃麗松校長向我們講述了警廉衝突的情況，我們對他說我們也關注了有關的新聞。黃麗松校長對我們說，港大學生會作為當時香港只有兩所大學的學生會之一，聲音必然對社會產生一定的影響，問我們是否會公開表達學生會對事件的看法。我們對黃麗松校長說我們會回去開會討論，黃麗松校長說因為事件對社會產生的嚴重影響，問我們可否以學生會名義盡快公開表達學生會的立場。

我們與黃麗松校長會面後，研究學生會當年的憲章，發現學生會會長及副會長聯同學生會評議會主席，可以代表學生發出代表學生會的立場聲明。於是，我們便在次日立即以學生會名義，發出公開譴責一小撮警隊成員暴力衝擊廉署執行處的聲明。

我已忘記當年由學生會會長聯同評議會主席以學生會名義發出的聲明，有沒有在評議會確認，但肯定的是當年的聲明並沒有港大同學發出異議。上世紀 70 年代是香港兩所大學的火紅年代，不同派別的同學們因政治取向不同而激烈爭論與鬥爭，但涉

及一些底線，如反殖民地統治、確認自身中國人身份與堅守法治道德人倫底線這些標準，卻都是一致的。

回到 2021 年，吊詭的是這次港大學生會評議會發出，深切哀悼意圖殺警然後自殺的「孤狼」這違反人性的聲明後，2 萬多名港大學生竟然沒有人發聲譴責這種有違人倫與道德底線的行為。

回顧港大學生會在 1977 年時，組成評議會的成員包括由上屆評議會成員中選出的新一屆評議會主席、十位普選產生的學生會會長副會長及幹事、剛卸任的上屆學生會會長、七間學院的學生會代表、五個宿生舍堂和兩個非宿生舍堂的學生會代表、港大學生會刊物《學苑》的代表、港大各體育項目組成的學生會體育聯會代表、各獨立興趣學習小組組成的學社聯會代表，此外還有五位普選產生的普選評議員。

今天港大學生會評議會的組成，成員必然比 1977 年多，但相信仍沿用此模式。雖然並非全面普選產生，但可以說是比評議會成員全部由普選產生更具有充分代表性的組合。

扯開一句題外話，港大學生會的評議會組成，是不是與最近中央主導為特區設計的《完善選舉制度安排》的立法會組成方式非常相似？主要是議會的成員並非全面普選產生，但具有讓各方有均衡參與的充分代表性，而非由一小撮人通過各種手段與不當影響，操控了普選選民意向而產生的議會。

港大學生會評議會美化暴力違反基本道德底線的聲明，讓大多數人氣憤，2 萬多名港大學生對此卻漠不關心。這種現象突顯了雖然架構上港大學生評議會組成具有充分的代表性，但最大的

問題是目前絕大多數港大學生不關心、不理會代表他們的學生會的工作。現屆的港大學生會幹事會只是一個 4 人參選、4 人在 2 萬多港大學生，其中 1.6 萬有權投票的同學中，僅有約 15% 同學投票以 2 400 信任票當選的不滿員「殘閣」。這與我當選 1977 年學生會幹事及接着一屆幹事會選舉時 4 000 多同學中有接近 60% 的同學投票，實在不可同日而語。

其實，近年港大大部分學生便是因為對一小撮學生把持學生會熱衷政治的反感，因而或是冷漠、或是一笑置之，從而引致這一小撮把持學生會的人缺乏真實的代表性。他們只代表了他們同一政治取向的小部分積極學生，集中注意力在政治方面，而不在代表廣大同學其他關心的事上。這樣的學生代表肯定不得民心。然而，因為他們把持學生會架構，引致社會人士認為大部分大學生都是支持「黑暴」的。

香港大學校方公開與港大學生會切割，便是看清了因為把持學生會架構的人並不能代表廣大的港大同學，故通過與目前的港大學生會切割，讓社會人士知道這一小撮掛着港大學生會職銜的人並不能代表廣大港大同學。

古有名言：「養不教父之過，教不嚴師之惰」。對香港各大學過去兩年一小撮學生把持學生會架構顛倒黑白是非對錯、影響公眾對大學生形象的怪胎現狀，必須由各大學校方負責糾正，向公眾清楚表達態度。這是作為育人大學責無旁貸的責任。過去，香港中文大學被指為「暴大」，很大程度便是中大校長與校方的怠惰不作為，對學生違法暴力行為沒有直斥其非，反而美其名為保護學生而處處包容，讓學生在錯誤的道路上越走越遠。

這次港大校方第一時間對進一步往歪路走的學生嚴詞指斥，並與之切割，可算是走了正確的第一步。港大學生會評議會的一眾學生在港大校方表明立場後公開致歉，不論是否如一些評論說是「做戲」，重要的是校方表明立場。

如香港大學校委會主席李國章先生表明不排除開除這些學生學籍的紀律研訊，正是對這些執迷不悔的年輕人的當頭棒喝。這也是告訴一些迂腐學者與同情「黑暴」的大學講師：大學不再接受以大學內「言論自由」與「學術自由」為幌子，而無原則和無底線地包容這些在一眾迂腐學者與同情「黑暴」的大學講師包庇下在歧途上越走越遠的學生。

（原文發表於 2021 年 7 月 20 日）

不容泛政治化侵蝕香港專業

　　2021 年 7 月 30 日，中國內地官方《人民日報》及新華社相繼發文，指斥香港教育專業人員協會（「教協」）為反中亂港組織，是與被指為反中的「民陣」及「支聯會」存在錯綜複雜的人員、組織、資金與利益勾結關係的「毒瘤」，必須徹查及鏟除，以便香港教育能正本清源重回正軌。

　　在內地官方媒體發炮指教協為政治毒瘤荼毒香港學生後，香港特區政府教育局隨即於 7 月 31 日宣佈全面終止與教協的工作關係。教育局指出，過去一直以教協為教育專業團體，與之討論協調及進行一些教育相關工作，但近年教協在言行上與教育專業不符，本質上與政治團體無異；除積極參與高度政治化的「民陣」及「支聯會」外，更推動教師罷課及將政治滲入學校，對部分教師的暴力及違法活動不但不發揮專業作用勸止，反而推波助瀾，有違教育宗旨，犧牲學生利益。

　　接着教協即時作出回應，稱教協反對港獨；並且隨後於 8 月 3 日晚上緊急發信予全體九萬多名會員，信件指出：「教協本週決定，今後將聚焦教育專業和權益的工作，全力做好工會的本業，服務會員……」

　　在被內地官方喉舌指責為政治團體和特區政府教育局與之

「割蓆」後，教協發給會員這樣的緊急通知，無疑是變相承認了過去教協並沒有聚焦本分的教育與專業和權益工作，而是綁架了九萬多名會員參與大量與政治有關的活動。

有關教協在過去十多年來熱衷及積極參與政治活動，包括鼓勵教師因政治議題而罷工，包庇和鼓勵學生與教師上街為配合「佔領中環」行動發起人戴耀廷及各政黨進行「違法達義」提供政治活動平台，與其專業與工會組織的宗旨不符，那是不折不扣毋庸置疑，不容狡辯抵賴的事實。

過去特區政府對教協這類應是專業團體，卻高度參與反特區政府、反中央政府、鼓勵包庇港獨、進行違法行為視若無睹，直至北京政府直接在香港行使全面管治權，才積極配合北京對特區專業界的亂象撥亂反正。可見過去幾年來，特區政府領導層與一眾以政務官為主的高官的怕事無能。

政治入侵專業，由來已久。眾所周知的香港記者協會，早已不是專業新聞從業員的專業工會組織，而是濫發記者證給僅十多歲無知中學生，作為上街示威護身符的政治組織。不久前，香港語言治療師總工會骨幹成員被發現利用專業，對稚童發佈高度政治化的兒童繪本，誘導稚童仇恨特區政府，更突顯了香港大大小小專業組織政治氾濫的荒唐亂象。

特區政府年初透露在 2019 年黑暴肆虐後，有超過一千多個自稱工會組織在等待特區政府批准註冊。可以看出，有組織地反特區政府與反中央政府的政治力量，企圖以遍地開花式的搞所謂工會組織，為下一輪進行反政府的政治宣傳與活動建立以專業外衣包裝的政治平台。

除了主要及具影響力的專業或工會組織外，那些三五個政治活躍人物便組成各類自稱為代表其行業的專業團體雨後春筍般冒出，可見政治氾濫，已直接侵蝕了香港 100 多年來逐步嚴謹地建立起來，足以自豪和讓香港步向成功的各專業行業。

教協在過去十多年不知不覺間成了反特區政府的主幹大樹，特區政府與之切割，是中央政府主導下特區政府重拾強勢行政主導後可以預期的結果。在這最新大環境下，以不容成為政治組織的《社團條例》成立的大律師公會在近期轉趨低調收斂。同樣地，香港記者協會在《港區國安法》出現後也轉趨低調。

自從《港區國安法》及《完善選舉制度安排》兩條分別由中央政府制訂及由中央政府主導下制訂的法例出爐，使香港政治回復行政主導，亦即重奪行政主導立法，使那些把持專業團體在立法會的代表及他們的同路人，不能再如過去那樣，以癱瘓立法來阻礙特區政府通過立法對他們作針對性制約及監管。

近一世紀以來，香港法律賦予各政府認可的專業團體自我發出執業資格及自我監管權力，各認可的團體理應自重，清楚自己的角色。一直嚴守專業的香港律師會早已明言律師會為非政治（apolitical）的專業組織。為保專業律師由律師會發牌及監管的權利，律師會嚴守非政治化是必須的。

反觀近三年來香港大律師公會由個別政治活躍人士把持，引入外國政客為主席，長期在政治議題上高調表達以法律包裝的政治觀點，從政治而非法律角度評論特區與中央政府決策，使大律師公會被很多人視為不單純是專業組織，而是近乎政黨的政治組織。自高度政治化的人權大律師戴啟思（Philip Dykes）在 2018

年上任主席及如今英國政客夏博義（Paul Harris）擔任主席後，內地已與香港大律師斷絕來往。如前主席譚允之所言，自 2021 年開始大律師在內地發展仲裁業務的聯繫已消失。令一眾大律師更擔心的是，如行政會議成員資深大律師湯家驊所言恐怕大律師公會會步教協後塵。若真如此，恐怕特區政府不會單單終止合作關係，而是通過立法收回大律師公會發牌及監管大律師的權力。

在截稿之際教協宣佈解散。香港的各專業團體實有必要認真反思在香港社會的角色：拒絕走泛政治化的歪路，回歸關注自身專業的正途。

（原文發表於 2021 年 8 月 16 日）

養尊處優的卸責官僚，
不會成為一往無前的治港者

The perfect bureaucrat everywhere is the man who manages to make no decision and escape all responsibility.

— Brooks Atkinson (1894-1984)

(American Theatre Critic and Pulitzer Price Correspondent)

從 2012 年反國民教育、2014 年因特首選舉政改引來的違法佔中、到 2019 年反修例引發的黑暴及後來被揭發的顏色革命，人們的注意力往往是聚焦於年輕人反政府力量的發展從「和、理、非」（和平、理性、非暴力）逐步走向喪失理智的瘋狂暴力。人們較少甚至沒有關注的是從 2012 年反國教到 2019 年黑暴，特區政府在應對洶湧而來的有外國勢力滲入的反政府浪潮中顯得軟弱無能。

事實上，從 2012 年反國教風潮突然爆發，面對反對派迅速膨脹的聲勢，特區政府迅速取消將國民教育納入中學課程的建議；2014 年佔中騷亂開始，警隊射了十多枚催淚彈，在反對派一片批評聲中，特區管治階層便制約警隊不再對違法佔中採取任何

積極行動；到 2019 年黑暴肆虐，搗毀立法會大樓、對各區港鐵站與街頭公共設施大肆破壞、以汽油彈攻擊警署的瘋狂行為，特區政府不但沒有指令警隊對暴徒採取鐵腕打擊，而是軟弱退縮。

在 2019 年 7 月 21 日元朗港鐵站一宗反政府人士被攻擊事件，警隊因在其他地區應付反政府黑暴而沒有及時出現制止，特區政府官員之首的政務司司長張建宗竟然出賣警隊，因元朗站事件向一直以來不斷攻擊政府的反對派勢力道歉。這都突顯了由政務官主導的文官特區政府，面對反政府黑暴瘋狂時的怕事與軟弱無能。

2020 年中央政府終於忍無可忍，對特區政府直接行使全面管治權，為香港制訂《港區國安法》。2021 年通過人大常委的《決定》主導香港立法會立法完善香港選舉制度安排，限制了反對派企圖通過蠱惑選民操控選舉，達至奪取香港特區管治權的陽謀。

在中央政府為特區政府撥亂反正過程中，比較令人矚目的是 2021 年 6 月底香港主權回歸中國 24 週年前夕，特區政府突然宣佈免除政務司司長張建宗職位，由警隊出身，在反黑暴期間備受反對派聲討為鷹派的保安局局長李家超取代，並且委任黑暴期間臨危受命、匆匆上任帶領警隊，毫不留情對黑暴進行打擊的警務處處長鄧炳強接任保安局局長。

兩位出身紀律部隊的首長，分別被委任為特區政府政務司司長及保安局局長，一反過去特區政府最高層均由文官擔任的慣例。有傳言指出特首林鄭月娥女士原屬意政制及事務局局長聶德權接任政務司司長一職，但不為北京接納。

若傳言屬實，特區政府高層兩個最重要職位：政務司司長及

保安局局長，均經北京授意由紀律部隊出身的官員擔任，顯然是如有些評論指出，在此特殊時期，在北京眼中，以文官為主，特別是以殖民地時代訓練出來的政務官為主的文官官僚管治班子，不可信賴；必須以重紀律及服從指令的紀律部隊官員出任特區管治班子高層，才可以在中央對香港實行全面管治權的大環境下，一改政務官天天講程序，以繁複的程序為藉口，拖延執行職務甚或不作為的陋習。中央政府要求香港特區的官員，須以服從指令完成任務的方式，有效推動特區政府對香港特區的有效管治。

香港主權回歸中國 20 多年，由政務官為主的文官官僚管治班底，實行「港人治港」成效乏善可陳。從社會、經濟及基建發展緩慢，以至停滯不前，可以看出以政務官主導的「港人治港」，因先天上的缺憾，並不能推動香港社會及經濟發展大步向前。

在殖民地時代，香港社會政治及經濟的發展方向，由英國通過女王在香港代表的港督一錘定音，然後交由主要從英國派來的殖民地官員決定政策方向、目標與範圍，最後才交給殖民地政府文官系統的本地政務官，按已定下的政策方向、目標與範圍製作執行計劃。過程中，本地政務官只有執行的責任，並沒有質疑決策是否對錯的權力。

香港的公務員曾經被譽為最優秀及最有效率的政府管理隊伍。殖民地時代，對香港以文官為主的公務員隊伍讚譽是正確的，但前提是殖民地時代，決策及為決策成功與失敗負責的，不是執行政策的本地公務員，而是英國派來的港督及那些從英國派來的殖民地官員。

香港主權回歸中國，實行「一國兩制」、「港人治港」，問題便

出現了。從來不需要為政府政策方向作決定的政務官，迅速被提升為特首以下的治港者。首任特首董建華先生推動不了這些殖民地時代遺留下來講程序的官僚，一項又一項的政策被這團位居政府高層的官僚以可行性為理由質疑，以程序要求為理由拖慢、拖垮以至胎死腹中。後來前殖民地華人高官曾蔭權接任特首，他便明言要「做好呢份工」。他的明言表明了他的心跡，特首對他來說只是要打好的一份工而已。以這種心態當特首，如何能帶領香港披荊斬棘、大刀闊斧前進？

現政協副主席梁振英先生 2012 年接任特首，據他在任時的新聞專員馮煒光先生所言，他所面對的，也是推動不了一班殖民地時代遺留下來政務官，拋開打工仔框框的問題。

香港政務官階層的特點是大多是大學畢業入職、20 多歲便享受政府的房屋津貼，搬進港島半山、山頂或南區豪宅，之後為官 30 多年養尊處優，遠離民間煙火，哪裏能體察民情？現任特首不知道哪裏買廁紙便是典型養尊處優、長期不食民間煙火的典型例子。

殖民地時代掌管各部門的本地高官只是習慣與富豪、與上流社會領袖交往的官僚，不是需要掌握民情脈搏的政治領袖。香港回歸後硬把他們提升為治港的政治領袖，沒有政治領袖恆常接觸民眾的歷練，在面對那些選民選出來的政客時，他們根本沒有能力招架；但對內他們被要求推行政府政策時，他們卻可以「港人治港」的「港人」身份，以官僚本質通過大量繁複的程序理由，拖垮政府決策，使他們可以打好一份「不做不錯」、即使犯錯了也不會被問責的一份工。

除了在位時與富豪利益勾結、在退休後獲取富豪給他們延後利益、高薪厚職的個別高官外，殖民地時代遺留下來無風無險退休，享受終身長俸是一眾特區高官當官的考慮。雖然退休公務員可以「咬長糧」的制度，在香港主權回歸中國後不久便終止，但目前特區政府一眾最高層官員，都是殖民地時代遺留下來有權「咬長糧」的高官，確保在任時不被問責，無風無險平平安安到退休，肯定是他們當官的考慮之一。

　　長俸制度外，怠惰卸責的特區官僚護身符：「公務員政治中立」也是殖民地時代遺留下來的。在北京對香港行使全面管治權前，眾多以政務官為主的特區高官以為只要拿着「公務員政治中立」的護身符，「做好呢份工」便可以無驚無錯到退休。

　　香港特區主權回歸中國後，眾多曾經躲在英國人身後「政治中立」的高級打工仔，心理上並沒有準備好擔當「治港者」的角色：須要作政治決策及為決定負上政治責任。他們仍然沉醉於港府公務員政治中立的迷思，以及以這心態面對複雜的政治環境。

　　其實當今世界沒有一個國家的管治官僚是政治中立的。哪一個政黨上台執政，官僚緊隨上台執政黨的政治取向執行職務，是理所當然的。即使如英女王那樣代表英國的國家元首，政黨更替執政，英女王也必須追隨上台執政黨的政治取向面對國民，以「今天的我」打倒「昨天的我」。

　　政治中立的官僚並不存在，限令官僚政治上跟隊，不跟隊便自己辭職，港英殖民地時代已是如此，簡單不過；只是殖民地時代沒有可以與殖民地政府抗衡的反對派，一眾官僚政治上一直緊跟港英政府而不自知而已。政務司司長張建宗在 2019 年 7 月 21

日元朗港鐵站事件後，第一時間出賣警隊，向黑暴支持者致歉，以表政治中立，想把自己置身政治漩渦外，那是多麼的幼稚。

事實上，張建宗在紀念 7 月 1 日香港特區主權回歸中國前幾天、不等到七一就被免去政務司司長一職，是北京向香港傳遞的一個重要訊息：特首林鄭月娥七一上京參加中國共產黨成立一百週年慶典，北京怎會容許一個政治立場不堅定的政務司司長署任特首主持香港七一主權回歸中國的紀念慶典？

1947 年獲得普立茲獎的美國記者及劇評人 Brooks Atkinson (1894-1984) 說：「在任何地方，最完美的官僚是那些有能耐可以不用做決定，也不用被問責的。」(The perfect bureaucrat everywhere is the man who manages to make no decision and escape all responsibility.)

香港特區回歸中國 20 多年，管治香港地區依賴的便是這樣一羣相互團抱、遇事遲疑不決、不求有功但求無過無責到退休的高級政府官員。看他們的德性，怎可能是為香港特區一往無前的政治領袖？在他們領導下，香港特區怎可能會有大發展？

也許中央政府經過多年的摸索，已弄清了在香港特區卸責文官官僚主導特區政府管治的流弊，現在是大刀闊斧開始整頓的時候。委任紀律部隊背景的官員擔任管治香港的高層要職，可能只是着手整頓長期因循苟且的治港官僚團伙的開始。

（原文發表於 2021 年 8 月 17 日）

年輕人不知岳飛是誰
全面加強中國歷史教育急不容緩

　　不久前與我的姐姐晚飯，她告訴了我一個發人深省的經歷。

　　她說不久前十年一度的人口普查，可能她填回的問卷出了問題，一個我姐姐相信是學生的青年人口普查員，打電話給她覆核她家中各人的戶口資料，陪伴着年輕人的還有一個女士，可能是青年導師。

　　在問及我姐姐家中戶口情況與各人姓名時，我的姐姐告訴了青年人口普查員我姐夫的名字。我姐夫的名字中有一個「岳」字。這位青年人口普查員不知道「岳」字該如何寫，問我姐姐是哪一個「岳」字。我姐姐告訴他是「岳飛」的「岳」。

　　與我們年紀相仿的香港人和在中國內地絕大多數受過基本教育的人，相信沒有人會不知道岳飛是誰。但這個青年用很茫然的口吻對我姐姐說不知道岳飛是誰，所以不知道「岳」字該怎樣寫。那個女導師也不知道岳飛是誰。

　　我的姐姐接着說，是背上刺了「精忠報國」四個字的岳飛啊。

　　我們這代人，即使沒有上過歷史課，讀過「岳飛，字鵬舉，相州湯陰人也……」的古文，在歷史漫畫冊中也必然看過宋代愛

國名將岳飛的母親，在岳飛年少時在他背上刺「精忠報國」四個大字的故事。而事實是，這位負責人口普查的年輕人和伴着他的青年導師，對岳飛這位在中國家傳戶曉的歷史人物竟然一無所知。

這便是在過去 20 多年來香港推行國民教育失敗的最典型例子。

聽完了我姐姐說的故事後，我對姐姐說笑：「你應該告訴這年輕人，『岳』字是說過『有案底令人生更精彩』的大律師，公民黨黨魁楊岳橋的『岳』，這年輕人便肯定立即知曉了。」

1997 年香港殖民地統治終結，主權回歸中國，特區政府進行教育改革。改革的重點卻不是推行去殖民化的國民教育，而是推行批判思考的通識教育。結果是變相廢掉了中國歷史科，把中國歷史科變成中學選修科而不再是必修科；同時也把中學中國語文科一系列不同歷史年代的古文，從課程必讀的範文中剔除了。

曾經公佈的調查數字顯示，在香港中學裏，修讀中國歷史科的同學不足 9%。

這樣的課程改革引致的結果是 20 多年來，在接近三代人中培養了大量沒有基本中國文化根基與中國歷史基本認識的年輕人。而這些沒有中國文化基礎與國史基本認識的人，卻虛無地以西方推崇的批判性思維，從西方人的角度對中國過去的歷史文化與現狀，作出幼稚和毫無中國文化歷史沉澱的批評。

否定中國的一切，成了這些年輕人的共同語言。

特區政府其實也看到了問題，2012 年急急推出國民教育，但為時已晚。鼓吹荒謬的「違法達義」反政府思潮，已成了各大學

校許多青年學生叛宗棄祖的理論依據和主流思潮。鼓吹「違法達義」的港大法律教授戴耀廷，更以此鼓動年輕人冒起，從而希望影響內地，引發疆獨、藏獨、台獨，使中央政府自顧不暇，而為推動香港脫離中國，步向獨立爭取空間。

2012 年特區政府推行國民教育失敗，在街頭粗口爛舌的中學教師與各大學校裏粗口爛舌的學生橫行，他們不屑於中國人的溫文爾雅，但也學不上西方人偽善的禮貌。沒有中國文化與歷史底蘊，同時也沒有真正接受西方文化優越部分薰陶的，便是這接近三代為數不少的香港年輕人。

不知道岳飛的「岳」字只是當代年輕人對中國認識貧乏現象的冰山一角。令人驚慄的是，他們中絕大多數人都知道說出「有案底令人生更精彩」歪理的楊岳橋的「岳」字，而在《港區國安法》出爐前，更多的人更無知地接受這一歪理。

在國家民族立場與尊嚴的問題上，過去 20 多年負責管治香港的特區政府一直採取放任態度，造成當代香港各大學校園充斥着對所謂西方普世價值歷史來由不求甚解，無視西方大國歷史上對華侵略屠殺掠奪，當代則對華心懷不軌一無所知的年輕人。這些年輕人無視國家民族尊嚴，動輒以西方「人權」、「自由」、「民主」的華麗外衣，處處否定一再追求良治的中國。尤有甚者，個別政客與躲在大學校園有企圖的仇中反共迂腐學者，更意圖把香港從中國分裂出去，而把這種歪理思潮，向沒有中國文化與歷史修為的年輕人灌輸，造成今天大量香港年輕人仇中反共的畸形現象。

自《港區國安法》訂立後，這些政客與迂腐的歪理學者，已

理屈詞窮。他們一直告訴香港年輕人仇中反共是西方標準的言論自由，但沒有告訴年輕人：在任何西方國家，宣揚叛逆自己國家的人是要坐牢的事實。

西方大國已不再攻擊訂立《港區國安法》的合法性，因為他們也有比《港區國安法》更嚴厲的國家安全法律。新聞報導稱，《港區國安法》訂立後，不少中小學教師以不接受《港區國安法》訂立後的政治現狀為理由，移民離開香港。其實，作為中國人，對那些擁抱西方、鄙視中國現狀、鄙視中國人身份的中小學教師來說，移民離去對他們或者對香港特區來說也許是最好的選擇。香港特區不單需要管治好香港的治港愛國者，更需要教導學生尊重自己國家民族的老師。

特區政府並沒有強逼香港居民必須愛國，也沒有強逼香港老師必須愛國。但留在香港特區的中小學老師們，有責任教好學生「岳飛」的「岳」是哪個「岳」。如果他們自己也不知道「岳飛」的「岳」怎麼寫，卻還承認自己是中國人，也許他們應該好好學習，學習尊重國家民族、學習尊重自己國家的歷史和文化。

對特區政府來說，對年輕人推行中國歷史與中國文化教育，任重道遠。現在黑暴平復，歪理不再肆虐橫行，特區政府有必要盡快令推動認識中國歷史與中國文化的國民教育，在香港特區的教育體系中重回正軌，佔據必要的位置。

（原文發表於 2021 年 9 月 9 日）

民主黨必須依章程支持黨員
參與立法會選舉

經過 2019 年的黑暴瘋狂，中央政府為香港特區制訂國安法及繼而推行完善選舉制度的立法，封殺了引入外國勢力脅迫特區政府的政客參選之途，同時也對意圖通過操控選舉顛覆特區政府，引領香港特區走向「港獨」的政客關上了參選之門。

2019 年的黑暴，除了暴露了外國勢力插手推動外，也暴露眾多香港政黨與新興政團的反中反共與戀殖本質。這些政黨與政團早已自絕於新選舉安排下的參選之途。在眾多香港政團中，始終保持相對理性和仍有一點中國情懷而且具相當影響力的，只剩下 1994 年成立的民主黨。因而究竟一直不與這些反中反共與戀殖割席的民主黨，是否會參與 2021 年年底舉行新選舉制度安排下的立法會選舉，備受公眾關注。

民主黨在 9 月 26 日舉行了會員大會，討論是否派黨員參與年底舉行的立法會選舉的問題。在會員大會前，社會各界對民主黨的參選動向，有不同的猜測。而民主黨內亦不斷有人放風，指民主黨傾向不派黨員參選，是黨內大多數人的主流意見。

正當公眾期待民主黨會員大會最終會否派人參選的決定時，

民主黨會員大會作出了一個莫名其妙的決定。民主黨在 9 月 26 日的會員大會對是否派人參選不作決定，而決定將整個程序推遲，交回民主黨中央委員會處理。而民主黨中委會則會依大會決定，讓有意參選的民主黨成員向民主黨中委會備案。若有人備案表達參選意願，便再召開會員大會，讓會員在會員大會中對參選者進行質詢，再作決定。但若沒有人向民主黨中央委員會報備表達參選意願，則表示民主黨沒有成員欲參與這一次立法會選舉，因而民主黨會員也無需就民主黨是否派人參選作出議決。

從這樣的決定解讀民主黨的做法，無疑這是反對參選主流派作了一個廣東人說「走精面」的決定。把民主黨應否派人參選參與是次立法會選舉的決定，首先踢回給那些希望參選的民主黨成員，同時也讓這些「參選派」承受莫大的壓力。因為會員大會決定同時表明若有人想參選，便要如民主黨主席羅健熙會見記者時所說一樣：必須接受會員在再次召開的會員大會中質詢，再由會員大會決定是否可以代表民主黨參選。

這樣的安排的前提，同時也是一個潛台詞，清楚表達：民主黨原則上不會派人參選，任何民主黨人想參選，便必須在會員大會中向會員解釋，並接受質詢及接受會員大會的最終決定。

其實，假如民主黨光明磊落地乾脆在 9 月 26 日的會員大會中議決了派人抑或不派人參選，事件便簡單地了結。想參選的民主黨成員可以服從會員大會決定不參選，若不甘心的可以不服從，退黨參選。民主黨主席羅健熙在會見記者為民主黨那莫名其妙的安排辯護說，目前的安排是要走完民主黨內的程序。但有記者質疑這次的程序與過去不一樣，過去是民主黨在選舉前要求會

員表達參選意向，然後在黨內甄選，根本不存在派人或者不派人需作決定的問題，更不存在有人表達了參選意願還要由民主黨會員大會決定（除了甄選）是否容許參選的問題。

依從民主黨主席羅健熙所說必須依足黨內程序，若換一個角度去看這問題，民主黨會員大會作出的這樣一個奇怪的安排，也正好給予了民主黨內希望參與年底立法會選舉的人一個必獲民主黨支持的契機。

1994 年民主黨成立時，我有份參與了民主黨組織章程與組織細則（Memorandum and Articles of Association）的草擬工作。在民主黨的組織章程第 3 條有關民主黨組成目的的條款中，第 3（m）條清楚說明民主黨組成的目的之一是：

> *To support such member of the Party to stand for or otherwise participate in local elections including but without limitation, election of Legislative Council or District Council, as appropriate.*
>
> 「支持民主黨成員作為候選人參選或以其他方式適當地參與本地的選舉，包括並不只限於立法會選舉和區議會選舉。」

在 9 月 26 日民主黨會員大會作出決定下，假如有民主黨成員向民主黨中委會報備，表達參選意向，根據民主黨組織章程第 3（m）條，民主黨唯一可以做的便是支持會員參選，別無其他選擇。其他任何不依這一條的決定都會被視為超越民主黨組織章程

所授予權力（*ultra vires*）的行為。

就如民主黨章程第 3（a）條一樣。第 3（a）條開宗釋義說：民主黨承認香港是中國不可分割的一部分和支持香港主權回歸中國（to recognize Hong Kong as an indivisible part of China and support the return of the sovereignty of Hong Kong to China）。這樣清晰寫在民主黨章程的條文：是否承認香港為中國一部分及是否支持香港回歸中國，是無需也毋庸在會員大會中討論的，更毋庸審議，而是會員在會員大會中必須依從及執行的。

同樣的道理，民主黨組織章程第 3（m）條的規定也是必須依從及執行的。因此民主黨依本身的組織章程，必須支持希望參與選舉的民主黨成員參與年底的立法會選舉，那是毋庸置疑的。任何與這一組織章程規定條款相違背的決定，無論是不支持、限制或禁止（除了超額需甄選理由）會員參選的決定，即使是由會員大會作出議決，也必然是超越權限的行為。

民主黨反覆強調，必須以黨內程序處理民主黨成員參選問題。無論民主黨反對參選派如何反對派員代表民主黨參與年底的立法會選舉，面對章程條文規定，除了支持意欲參選者參選外，他們別無選擇。

民主黨怎可以由一個支持黨員參選爭取議席的政黨，變成一個阻撓黨員參選爭取議席的政黨？現在擺在面前的是對民主黨的重大考驗，看看民主黨是否依足章程作決定，還是走回政治取向凌駕一切、放棄基本原則、走向黑暗與失敗的老路。

（原文發表於 2021 年 9 月 30 日）

政治干預專業終加速社會衰敗

　　1997 年，丹麥藝術家高志活（Jens Galschiøt）把他製作、用以表達他個人政治觀點的雕塑，交給了支聯會在當年的集會展出。在支聯會用完了後，一些香港大學學生強行將雕塑運往港大校園，擺放在港大學生會大樓外，一放便是 20 多年。今年港大校方與港大學生會決裂，收回學生會大樓，並於 10 月中委託香港過百年歷史的老牌律師行 —— 孖士打律師行代表港大校方發信給支聯會，要求支聯會將雕塑從港大校園移走。

　　但在孖士打律師行代表港大校方發信給支聯會後不久，旋即傳來消息指出：「代表港大致函的孖士打律師行證實，將不會在此事上再代表港大。」

　　孖士打律師行的 180 度轉軌決定，引起公眾譁然。全國政協副主席梁振英先生直指孖士打律師行由外國勢力操控，被政治干預，並呼籲香港的中資機構等與之割蓆。

　　孖士打律師行是植根香港、極少數擁有超過百年歷史的英資律師行之一，英文原名 Johnson Stokes & Master。港英殖民地時代，在美國及歐洲國家的律師行還未有大舉進軍香港前，少數的本地英資律師行一直是代表歐美國家客戶在香港特區業務與事務的主力。及至世貿組織成立，全球化時代席捲全球，主要是美

國的西方國家律師行大規模進軍香港地區。部分自行在港開設業務，亦有部分通過與本地律師行合併或併購本地律師行開始進駐香港。

孖士打律師行便是其中一間由美資律師行 Mayer Brown 在2008 年通過與之合併而取得控制權的律師行，英文名原改為 Mayer Brown JSM，後來乾脆叫 Mayer Brown。據悉這次孖士打律師行在代表港大校方向支聯會發信後，旋即作出不再代表港大的決定，是因為受了實質控制的美國方面的壓力而作出。

一間律師行在處理客戶委託業務期間，突然停止接受委託，一般理由是因為利益衝突。而利益衝突主要是所做委託業務的對手是現行或曾經是律師行的客戶，或受委託的業務與律師行其他現行客戶的利益產生嚴重的利益衝突。

對於這兩點，在此事上基本上可以排除。唯一剩下的理由便是香港孖士打律師行承受了來自美國的巨大政治壓力，並如梁振英先生所說「在美國人的政治壓力下跪低……將政治凌駕法律專業」。香港孖士打律師行因而陷入了困境。

其實，孖士打律師行今天所處的困境，正是中美以至中國與西方國家政治博弈，以及與中美乃至中國與西方國家民情差距對立的副產品。問題只是在西方國家，政治正確性被西方國家的政治精英操弄而被奉為最高價值，因而已不再容許任何商業機構與專業組織，以秉持純商業標準與專業準則，作為操作業務唯一的行事規範，政治取向也成了在有需要時出現的規範。

撇開純政治的商業考慮，站在控制孖士打律師行的美國 Mayer Brown 律師行的全球業務立場，考慮點也不單是決定香港

孖士打律師行停止代表港大校方，會造成孖士打律師行在香港業務上的損失。作為全球性律師行，它的考慮點更是若繼續任由孖士打律師行掛着 Mayer Brown 名義在香港特區代表港大校方與支聯會相搏，須衡量在全球其他地方 Mayer Brown 可能面對的損失。據消息指出，在孖士打律師行代表港大校方發信給支聯會後，全球有 28 個所謂人權與公民社會組織發公開信給 Mayer Brown，表達對孖士打律師行代表港大校方的不滿，指律師行違反本身的「社會影響政策」（social impact policy），隨後也有美國參議員加入了批評 Mayer Brown 的行列。

對於一間擁有全球業務的律師行來說，在面對到以政治掛帥、以民主自由人權自詡的美國及歐洲國家大量反共反中的非政府組織與民間的質疑，乃至以反共反中消費者為主要對象的美國與西方國家客戶的質疑與抵制，在這樣的背景下，單單犧牲香港地區一間附屬律師行業務上的利益是合乎盤算的考慮。更重要的是，這種政治壓力不單來自被西方國家政治精英操弄的民粹，也來自同是被政治精英控制的政府與操弄的議會。在這樣的大政治環境下，不跟着政治精英們把持的主流政治路向走，在這些國家的商業與專業機構也難以獨善其身。換一個角度看，這也是今天在西方國家營商與執業的商業與專業機構的悲哀。

上世紀 50 年代末到 70 年代初的中國，因事事政治掛帥，不按經濟規律與行業準則運作，引致社會與經濟發展停滯不前，早已令中國人引以為鑒。今天西方社會因為中國經濟崛起而產生妒忌與無因的恐懼，加上西方民主國家政治精英的操弄，已使西方國家社會事事以反中政治理念為先。近年來，他們一切的行為都

在圍繞着這完全非理性、違背商業與專業準則的反中政治議題進行。兩百年來他們建立及賴以成功的非政治化商業準則與不容政治干擾的專業操守，早已被他們拋諸腦後。這也正正是西方國家急速衰敗與沒落的表徵。

（原文發表於 2021 年 10 月 26 日）

篇後記：

　　這一宗一間跨國律師行決定業務方向的小事，突顯的不單是靠打嘴炮與財閥支持贏取管治權的西方政治精英，對國家管治無方，為轉移視線而把政治體制與意識型態分歧推上神枱，凌駕商業與專業規則，強逼西方國家的商業企業與專業行業遵從；同時更突顯的是在這過程中，被迫遵從這違反商業與專業運作的商企與專業，也被迫對不同市場對他們商業利益與專業收入利益作出選擇。香港特區作為一個如此細小的市場，跨國律師行在審視它的全球業務時，第一時間放棄香港市場是理所當然的。這也突顯了香港特區如果沒有了背後龐大的中國市場，在西方針對中國的意識型態鬥爭中，只能淪為犧牲品。